언니
고생해써

언니 고생해써

2020년 12월 20일 초판 1쇄 인쇄·발행

지은이 · 이정연
펴낸이 · 김성권
펴낸곳 · 도서출판 웅비

주   소 · 서울시 강남구 강남대로 136길 5-4, 301호(논현동, 정빌딩)
홈페이지 · www.woongb.co.kr
Tel 02) 2264-4543 / 070-8740-5900
Fax 02) 2264-4544

ISBN 979-11-5506-552-5(13320)
Copyright©이정연, Woongb Publishing Co.,2019

이 책의 저작권은 저자와 도서출판 웅비에 있습니다.
책 내용 일부, 혹은 전부를 이용하실 때는 반드시 저자와 출판사의 서면 동의를 받으셔야 합니다.

* 값은 뒤표지에 있습니다. 파본은 구입처에서 교환해 드립니다.

해외취업 분야에서 최고가 되기 까지의
열정적이고 솔직한 이야기

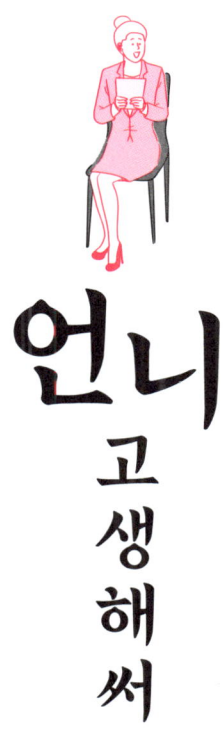

언니
고생해써

머리글

「취업베테랑」을 내고 4년 만에 단독 에세이를 낼 수 있게 돼서 감사한 마음입니다. 예전만큼 건강하지 못한 상태지만 열정적으로 살아온 세월 덕분에 많은 것들을 얻었습니다. 조금씩은 어딘가가 힘들어질 나이지만 그래도 묵묵히 자신의 일을 어디선가 꾸준히 해내고 있는 사람들과 함께 나누고 싶어서 펜을 들었습니다.

해외 취업이라는 불모지에서 오랜 기간 꿋꿋하게 버티고 학생들을 취업시킬 수 있기까지는 저 혼자만의 노력으로 된 것은 아닙니다. 주변의 수많은 조력자들이 있었기에 가능했고 주변의 모든 사람들이 인정하기까지는 많은 역경들이 있었습니다. 그래도 그런 고비들을 순탄하게 넘길 수 있었던 것은 제가 이 일을 깊이 사랑하기 때문이라고 생각합니다.

하찮은 일이라고 불평하거나 남에게 떠넘기지 않았고 언젠가는 나에게 도움이 될 수 있을 거라 생각하고 일했는데 그런 경험들이 어느새 젊은 후배들과 공감 할 수 있는 하나의 인생 여정이 되었습니다. 이제 막 사회생활을 시작해서 멋지게 성장하고 있는 제자들로부터 이미 중년에 들어서서 회사를 이끄는 제자들까지 이젠 저와 같이 더불어 일할 수 있게 되었으니 이보다 더 행복한 일이 어딨을까 싶습니다.

짧은 기간 동안 열정적으로 취업을 위해 서로가 고군분투하다가 연수생들을 떠나보내면 늘 마음 한구석이 텅 비어 있어서 한동안은 그 빈자리만 봐도 마음이 무거워집니다. 좀 더 세심하게 잘 해줬어야 했는데라는 아쉬움과 그들을 그리워하는 것은 항상 제 몫인가 봅니다. 그리고 다음에 들어오는 학생들에게 또 집중하고 정이 들다 보면 어느새 조금씩 서로에게 잊혀져 가곤서 그렇게 세월이 지나갑니다.

지금은 조금 불편하지만 그래도 어제보다 나은 오늘에 감사하고 내일도 눈부실 햇살을 기대하면서 노력하는 많은 사람들과 이 책을 함께 하고 싶습니다.

인터뷰에 응해준 아끼는 제자들에게 감사의 마음을 전합니다. 앞으로도 계속 소중한 인연을 이어 갔으면 합니다.

2019년 12월 이정연

♣ 프롤로그

　앉아서 보는 세상 / 11

♣ 젊은 그대

　시애틀에서 뉴욕까지 / 17
　보스턴 폭탄 사건, 그리고 엘리베이터 / 26
　불광동을 떠나며 / 32
　익숙지 않은 낮은 연봉 / 35

♣ 대학에서 시작하기

　다시 학교로 / 39
　험난하게 시작했던 K-MOVE / 44
　허울좋은 교수라는 타이틀 / 48

♣ 진짜 베테랑

　취업 베테랑 / 53
　수원과의 인연 / 57
　기억하고 싶지 않은 애들 / 61

♣ 12년을 돌아보며

　서글픈 공적서 작업 / 68
　알아서 잘 자라준 아들 / 72
　대통령 표창 / 75

🪑 앎과 책들

해외취업 토크 콘서트 / 81
오랜만에 만난 옛 제자 / 85
또 두 권의 출판 / 88

🪑 삶의 훈장들

박사학위 받던 날 / 98
빨간 불 / 102
나도 걷는 사람 / 107

🪑 그리고 지금

파리에서 새해를 / 109
나의 알고리즘 / 113
나고야 출장 / 119

🪑 소중한 제자들의 talk

정재봉 / 123
최혁순 / 132
김창환 / 139
권혁재 / 142
박찬제 / 148
장한솔 / 152
이동빈 / 156

프롤로그

앉아서 보는 세상

2019년 12월의 첫 날, 지인들에게 부칠 크리스마스카드를 사러 동네 문구점에 갔는데 카드를 찾아보기가 힘들었다. 요즘은 직접 손으로 써서 보내질 않아서 그런지 예쁜 카드는 더더구나 없었다. 어제부터 다리 컨디션이 별로 좋질 않아서 오랫동안은 찾지 못하고 이리저리 뒤져보다 겨우 숨겨져 있는 몇 개를 사가지고 얼른 나왔다.

나는 요즘 자주 앉고 싶어진다. 잠시라도 서 있으면 왼쪽 종아리가 터질 것 같아서 가능하면 수업도 앉아서 하고 있다. 그렇다고 오래 앉아 있는 것도 허리에 좋지 않아서 집에서는 많이 누워 있는다. 허리 디스크 때문에 학교보다는 집에서 일할 때가 많아졌다. 조금씩 나아질 수 있을 거란 희망을 가지고 허리 근력 운동에 집중하고 있지만 사실 맘먹은 대로 빨리 좋아지지는 않고 정신적으로도 계속 우울해지는 것이 나를 더 힘들게 했다.

그래서 나는 다시 글을 쓰기 시작했다. 이 시기를 극복할 수 있는 가장 좋은 방법은 열정적이었던 예전의 나를 만나러 가는 것이었다. 세상 밖으로 많이 다니지 못해서 생겼던 우울증은 책을 쓰면서 다시 안정을 찾아갔고 마음이 조금씩 환해지기 시작했다. 그렇게 나를 만나러 가는 글 속에서 매일매일 소중한 용기를 얻고 있었다.

조금이라도 오래 걷다 보면 좀 앉아서 쉬고 싶어진다. 그러다 보니 벤치에 앉아서 숨을 돌리고 있는 사람들과 정류장에서 앉아서 버스를 기다리는 사람들, 그 밖에 다른 이유들로 한 템포 쉬어가야 하는 사람들을 둘러보게 되었다. 나도 그렇게 잠시 쉬어가면 됐던 것을 뭐 그리 바쁘다고 주변을 한번도 돌아보지 않았나.

나는 하루에도 몇 가지 일을 처리하면서 동시다발적으로 생각하고 일했던 사람이다. 가만히 앉아서 쉰다는 것은 시간낭비라고 여기며 살아왔는데 지금은 5분 이상 서 있기도 힘든 허리디스크로 인해서 틈만 나면 앉으려 하는 사람이 되었다.

20년 가까이 일본출장과 다른 나라 출장 그리고 국내출장까지 1년에 대여섯 번은 외국을 다니면서 무거운 케리어를 들었다 놨다 했을 것이고 에스칼레이터가 없는 역에서는 그 큰 케리어를 들고 내려가는 것은 기본이었다. 그 외에 출장에 필요한 서류나 마케팅 자료들, 그리고 회사 방문할 때 가져가는 선물과 내 핸드백까지 이런 다양한 짐들로 가득했던 시간들이 많이 힘들었을 것이다.

　1996년부터 6년간 중국에서 공부와 일을 병행하다가 한국에서의 경력이 단절된 채로 귀국한 나는, 다시 처음부터 혹독하리만큼 눈물겨운 사회생활을 했다. 명문대를 졸업하고 어학을 잘하는 재능을 가졌어도 단절된 경력 때문에 그런 스펙은 전혀 인정 받지 못했으며 남보다 더 야근하고 새벽에 일찍 일어나서 미리 준비하지 않으면 따라갈 수가 없었다. 1년간은 새벽반 영어회화와 토익 수업을 수강하면서 회사를 다녔고 언젠가 다가올 기회를 잡기 위해서 힘들어도 절대 포기하지 않았다.

　그렇게 치열하게 지내다가 입사한 중앙일보 계열사의 인연으로 해외취업사업에 몸담게 되면서 본격적인 나의 커리어는 시작되었고 100여 개의 기업을 직접 마케팅하면서 15년 동안 1,000명이 넘는 학생들의 취업과 교육을 진행하였다. 일본 출장 때는 구두를 신고 너무 많이 걸어 다닌 탓에 발 뒤쪽은 매일 피가 나서 대일밴드를 안 붙인 날이 없을 정도였고 늘 상사들과 동행하다 보니 짐은 짐대로 들고 일어 통역에 호텔 어랜지 등 온갖 써포트를 다 신경 써야 했다. 기업 방문과 미팅진행, 식사 장소 등

차질 없이 모든 것을 알아서 척척 진행해야 해서 신경을 곤두세우고 다녀야만 했다.

모든 샐러리맨들이 비슷하겠지만 기업에서 조직생활을 20년 넘게 한다는 것은 정말 대단한 인내심과 자기관리 그리고 확실한 성과의 결과물이 조화롭게 이어졌다는 것이기 때문에 오랜 기간 직장 생활을 하거나 자기 일을 지키는 사람들은 다들 존경받을 만한 사람들이다. 나 또한 지금까지 내 경력들을 쌓아 오면서 철저한 자기관리를 기본으로 생활 해 왔다.

그러나 몇 년 전부터 핸드백은 아예 장롱 속에 넣어두고 배낭을 멘 채 운동화만 신고 다닌다. 정장에 베낭과 운동화가 너무 어색하지만 어쩔 수 없다. 출장 때도 마찬가지로 일단 검은색 계열의 편한 신발로 신거나 아니면 운동화로 다닌 지가 몇 년 됐다. 늘 기업들과 미팅이 있거나 외부 손님을 만날 때는 정장을 단정하게 입고 항상 준비된 모습으로 대했었는데 그 옷들은 어딘가에서 몇 년간 세상 밖으로 못 나오고 방치되어 있다. 이제는 힘들게 허덕거리며 준비해야 하는 격식보다는 그 안의 내용이 중요하고 내 스스로에 대한 자신감이 상황을 내게 유리한 쪽으로 많이 유도하고 있다.

뒤늦게 박사 따겠다고 일과 병행하면서 낮엔 낮대로 수업과 일로 지쳐 있는데 밤엔 또 논문 쓴다고 늘 의자와 한 몸이 되어서 단 몇 시간 자는 거 빼고는 뚫어지게 노트북과 책을 봐서 인지 아님 너무 그동안 과로하고 무리해서인지 작년 초에 녹내장을 진단 받았다. 왜 열심히 산 사람에게 결과는 가혹한 걸까 싶어서 가만히 있어도 눈물이 흘렀다. 그래도 툭툭 털고 일어났다. 계속해서 슬퍼할 시간이 허락되지 않았고 아프다는 것을 넋두리 할 상황도 되지 않았다. 눈앞에 산적한 일들을 처리하면서 시간과 세월에 적응해 나갔다.

강남대학교에 오고 나서 계약 연장에 대해서 고민해 본 적은 없었다. 늘 실적으로 상위권을 유지했고 공로상을 탈 정도로 학교에 기여도 많이 한 편이다. 하지만 요즘은 일본과 사이가 너무 벌어지니 내 일자리도 늘 위태위태하다. 그럭저럭 벌써 만 6년을 근무하고 있는 대학이다. 처음에 임용될 때는 4년만 다녀보자 했는데 감사하게도 해외취업 사업과 박사학위 등 이룬 것들이 많았다. 혹시라도 운이 따라 준다면 앞으로 몇 년은 더 있게 되지 않을까 싶다.

살면서 나와 함께하는 것들이 늘어가고 있다. 내가 챙겨가면서 다독이지 않으면 성내고 사나워져서 몸져 누워야 하니 그 비위 맞추면서 살다 보면 어느새 지금의 이 순간도 그리워지는 날이 올 것 같다.

사실 아프다고 누워서 신세한탄할 여유는 전혀 없다. 난 오늘도 학교에서 연수중인 강남대 학생들을 취업시켜야 하고 수원의 일본취업과정도 이끌어 가야 한다. 그리고 이번 달 말에 갈 동경 출장 준비도 하면서 내년도 사업을 준비해야 한다.

그래도 일할 때는 모든 아픔을 잊을 수 있어서 행복하다. 그리고 그 행복이 내가 살아가는 이유이기도 하다.

젊은 그대

시애틀에서 뉴욕까지

2013년 국내 유명 어학원에서 일할 때였다. 미국에서 가장 큰 어학교 중 하나인 Kaplan에서 초빙을 한 보름간의 미국 출장이 잡혔다. 시애틀로 들어가서 밴쿠버, 샌프란시스코, 포틀랜드, 뉴욕, 보스턴까지의 일정인 꽤 타이트 하고도 서부에서 동부까지 거리가 꽤 되는 스케줄이었다. 캐나다 출장은 몇 번 가봤지만 미국 출장은 처음인지라 설레는 맘도 있었으나 대학과 어학교 방문 일정이 많았기 때문에 그리 큰 기대는 하지 않았다. 더군다나 같이 가는 멤버들이 어떤 사람인지 아직 잘 모르고 현지 가서 조인을 하기로 한 상태라서 대충 옷 몇 가지만 챙겨서 나섰다.

시애틀 하면 제일 먼저 떠오르는 영화가 있다. '시애틀의 잠 못 이루는 밤'이라는 로맨틱 코미디 영화인데 그 촬영 장소였던 Space needle에 가보면 좋겠다 싶었다. 그러나 그건 내 바램이니까 혼자만 생각하고 있었고 일단 첫 일정은 워싱턴 대학 방문과 대학 관계자들과의 미팅이었다. 그런데 시차 때문에 눈꺼풀이 너무 무거웠다. 그렇잖아도 부족한 영어실력인데 졸아가며 간간이 들리는 영어는 무슨 말인지 통 알 수가 없었다. 귀를 쫑긋 세우고 들어도 안 들릴 판에 졸다니…아무튼 시간을 흘러서 여러 담당자들의 PT가 끝났고, 캠퍼스 곳곳을 둘러보고 기숙사도 방문을 하고 나니 시간이 약간 남았다. 그러자 Kaplan 담당자가 기숙사에서 Space needle이 가까우니 다같이 가보자고 하는 것이 아닌가. 아까까지는 분명 무지 졸렸었는데 갑자기 시차가 돌아온 듯 정신이 멀쩡해졌다. 사실 전망대라는 것이 어느 나라나 올라가면 다 비슷하긴 하지만 영화 덕을 꽤 많이 본 장소인가 보다. 관광객들이 많이 있어 보였다. 인증 샷 몇 장 찍고는 스타벅스 1호점이 있는 시내로 움직였다. 거기 또한 시애틀에 온 사람들은 한 번 씩은 다 들리는 곳인가 보다. 많은 사람들이 커피 한 잔씩 테이크 아웃 하거나 그 앞에서 사진을 찍거나 했다.

보통 출장이건 여행이건 처음 가는 곳이면 가기 전에 사전 조사를 좀 해보고들 가는데 나는 미국 오기 전까지 일에 치여 사느라 출장 준비도 겨우 해서 왔다. 그래서 지역 특색이나 유명한 음식 그리고 장소 등 뭐 하나라도 알고 온 것 이 하나도 없다. 그런데 다행히도 같은 팀에 같이 다니게 된 한 분이 뉴욕에서 근무

하는 분이라 여기저기 안내 및 잡다한 정보들을 많이 알려주었다. 또 어학교 담당자분도 미국 시민권자이긴 하지만 고등학교까지는 한국에서 나오고 미국으로 건너 갔기 때문에 감성이 비슷한 연령대라서 말도 잘 통했고 통역부터 지역 소개까지 많은 써포트를 해주었다.

시애틀 시내에서 아들과 내가 커플로 입으려고 후드티를 살 때 사용한 신용카드가 복제가 되었나보다. 몇 시간 있다가 카드사에서 연락이 왔는데 내 카드가 시애틀과 뉴욕쪽에서 동시에 사용이 되고 있다는 것이다. 다행히 해외출장이 잦으니까 카드사에서 별도 관리를 하고 있었던 것 같다. 그 카드는 바로 사용 정지를 했으나 IT 기술이 나쁜 방향으로 재빠르게 발전되고 있다는 사실이 씁쓸했다. 그 찝찝했던 마음을 저녁에 디저트가 유명한 케익집에 고여서 초코 브라운 케익을 먹으면서 풀었고 그 달콤함으로 잠 잘자는 시애틀의 마지막 밤을 맞았다.

시애틀 일정을 마치고 밴쿠버로 이동했다. 나에게 밴쿠버는 세 번째 출장이다. 첫 번째 출장 때는 밴쿠버 대학 기숙사에서 일주일 머물면서 낮에 일정이 끝나면 혼자 버스를 타고 시내 나가서 여기저기 들아다녔던 기억이 있다. 거의 10년 전 일이라서 기억이 잘 안났지만 캐나다 쪽 출장은 처음이기도 했고 젊었을 때라 그 나름대로 좋지 않았을까 싶다. 그다음 출장 때도 비슷했던 일정이었고 이번에도 대학과 어학교의 미팅들인걸 보면 난 늘 학교와 교육에 관련한 일을 늘 해오고 있었고 지금도 대학에 있는 나는 어쩔 수 없이 선생님의 길을 떠날 수 없나 보다.

그다음 도시는 포틀랜드라는 곳이었다. 좀 생소한 곳 이었으나 미국인들도 은퇴하고 살고 싶어 하는 도시라고 할 만큼 안정되어 있고 평안한 곳이라 한다. 그때는 그런 것에 관심이 별로 없었으나 지금 다시 그 지역을 가 본 다면 아마 한 달 살아보기를 해보지 않았을까 싶다. 시애틀이나 캐나다 쪽에서는 보기 드문 길거리 음식들이 꽤나 많이 보였다. 작은 포장마차들이 낮부터 즐비했다. 그리고 업무를 보고 저녁식사를 하러 간 레스토랑에서 감자튀김의 양을 보고 깜짝 놀랐다. 거의 산처럼 아주 높게 쌓아져서 나왔는데 나는 한 두개만 먹고 말았지만 식사의 양이 좀 감당이 안 될 정도로 나에겐 많았던 기억이 있다. 난 초저녁 잠이 많아서 어딜 가든 9시반경엔 자려고 한다. 물론 새벽에 일찍 일어나서 주변을 산책하는 것은 기본으로 하지만. 같이 간 멤버들은 저녁에 쇼핑한다고 여기저기 다니고 서로 와인 한 잔씩은 하는 것 같은데 난 그런 것 들이 왜 그리 졸리고 피곤한지 모르겠다. 시차가 아직 안 풀린건지.

일정 상 같이 온 멤버들 중 반 정도는 유타대학교에서 일정이 있어서 유타로 이동했고 나중에 샌프란시스코에서 다시 만나기로 하고 우리 일행들은 샌프란시스코로 슬슬 이동했다. 미국 내에서의 국내선은 늘 또 하나의 난제였다. 까다로운 짐 검사와 세월아 네월아 하며 느리게 진행되는 절차들, 그리고 불친절한 공항 직원들 때문에 짐은 늘 가볍게 갖고 다니는 것이 상책이라는 말을 새삼 느끼게 했다. 예전에 중국에서 살 때도 이런 경험들이 자주 있었는데 사실 대륙 사람들의 거만함은 어찌 보면 이해가 가기도 한다. 수많은 인종의 인구들이 들락날락하고 살고 있는데 굳이 친절하게 하지 않아도 오겠다고 하는 사람이 몰려들면 최대한 까다롭게 하거나 불친절하게 할 수도 있을 것 같다. 한국이나 일본의 서비스 정신이 대륙에서는 무척이나 그리워지는 건 나 뿐 만은 아닐 것이다. 특히나 우리나라의 빠른 대처능력은 어디에 내놔도 최고인 것 같다.

또 하나 놀란 건 국내선 비행기 내의 스튜어드들이다. 수염을 기르고 머리도 꽤나 길게 늘어트린 스튜어드가 있어서 신기했다. 중국에서 몇 년 살아봤기 때문에 웬만한 건 놀라지는 않으나 의외로 재미있는 것들이 많아서 미국 출장은 인생의 덤이 되겠다는 생각이 들었다. 그때만 해도 우리나라 저가항공들이 그렇게 많지 않았을 때고 기내에서 유료로 사서 먹는 문화가 드물었을 때라서 기내에서 이것저것 사서 먹는 재미가 쏠쏠했다.

샌프란시스코에서는 업무적인 일정이 많아서 미팅과 학교 방문 그리고 담당자들과 식사하는 스케줄이 대부분이었고 공항 가는 길에 잠시 금문교 쪽에 내려서 인증샷 몇 장 찍는 것 말고는 딱히 기억에 남았던 풍경이 별로 없었다. 그리고는 바로 뉴욕행 비행기를 탔다.

어떤 이들은 시카고와 샌프란시스코가 그렇게 좋았다는데 난 기억에 남는 것이 거의 없는 것이 어째 좀 아쉽긴 하다.

뉴욕은 다시 한번 가보고 싶은 곳 중의 하나이다. 왜 그렇게 미국인들도 뉴욕커가 되고 싶어 하는지 조금은 알 것 같았다. 뉴욕에 머무는 동안 반 정도만 공식적인 업무를 봤고 나머지는 자유 일정으로 내가 따로 스케줄을 짜면서 여기저기 볼 수 있었다. 업무가 끝나니 오후에 같이 온 멤버들이 브루클린에 가자고 성화였다. 난 당연히 택시나 전철, 버스 중 뭐 하나라도 타고 가는 줄 알았는데 맨하튼에서 브루클린까지 다리를 건너 걸어가는 것이다. 꽤나 긴 다리였는데 언제 도착하냐고 투덜대면서 걷느라고 주위 경치를 둘러보며 걷지를 못했다. 그 때 만보 걷기를 많이 했던 상태였다면 예쁜 야경들을 내 눈에 더 많이 담을 수 있었을 텐데 후회가 든다. 어쨌거나 목적지인 브루클린에 무사히 도착했고 거기서 제일 유명한 피자집에서 저녁을 먹기로 했다. 줄이 엄청 길었지만 일행들이 줄을 서주고 난 다리가 너무 아파서 가게에 들어가 보조 의자에 몸을 기댔다. 드디어 우리 차례가 돼서 피자를 시켜서 먹었는데 정말 소문대로 맛이 일품이었다. 여태 먹어본 피자 중 제일 맛있지 않았을까 싶다. 물론 이탈리아에서 먹었던 피자들도 괜찮았지만 그건 이탈리아의 분위기가 한 몫 하는 것 같고 브루클린까지는 긴 시간 걸어와서인지 뭐든 다 맛이 있었다. 브루클린에서의 야경과 멀리 보이는 자유의 여신상은 말할 것 없이 운치 있고 아름다웠다.

다음날 아침에 일찍 일어나 맨하튼 거리를 산책했다. 시내중심에 있는 스타벅스에서 커피와 베이글 등을 사서 사무실로 일찍 가는 커리어으먼들을 보니 왠지 동병상련으로 느껴졌다. 아무래도 강남 중심에 있는 직장인 여성들이나 동경 한복판의 중심가 여성들이나 분위기는 비슷하지 않을까. 순간 아 나도 강남역 중심가에 있는 직장에서 일하다 온 사람이구나 라며 혼자 속으로 미소를 머금으면서 호텔 주변의 거리들을 한 시간 정도 거닐었다. 아침에 느끼는 맨하튼 거리와 브로드웨이가는 밤에 보는 화려함과는 또 다른 매력이 있었다.

오전에 옛 직장 동료를 만나기로 해서 서둘러 산책을 마무리하고 외출 준비를 하러 숙소로 들어갔다. 그 옛 동료는 뉴욕대학 출신이었는데 잠시 한국에 취업하려고 들어왔다가 몇 개월 근무해 보고는 역시 안 맞는구나 하고는 다시 뉴욕으로 가버린 사람이

다. 소호에 있는 브런치 카페에서 만났는데 문을 열고 들어오는 모습을 보니 예전에 한국에 있었을 때보다 환하게 얼굴이 밝아진 것을 느낄 수 있었다. 그전에 다니던 직장에서 승진도 시켜줘서 일이 잘 풀리고 있다고 들으니 더없이 흐뭇했다. 솔직 털털한 스타일이기도 하고 미국 생활을 오래 해서 늘 나한테 재밌는 에피소드들을 많이 얘기해 주곤 했는데 너무 일찍 가버려서 그 이후로는 나도 좀 심심하던 참이었다. 우린 밀린 수다를 한동안 떨다가 그 유명한 자유의 여신상이 잘 보이는 배터리파크도 가보고 번화한 시내 관광지를 같이 거닐었다. 점심을 같이 먹고 나서 우린 언젠가 연이 되면 만나리라 생각하고 기약 없이 헤어졌다. 아마 그 친구는 지금도 야무지게 잘 살고 있으리라 생각한다.

호텔에 들어와 조금 쉬고 있는데 같은 일행들이 오후 일정에 같이 가자고 해서 본격적인 뉴욕 관광을 시작했다. 엠파이어스테이트 빌딩도 가보고 저녁에 브로드웨이 극장에서 하는 뮤지컬 저지 보이스를 다 같이 관람했다. 리스닝이 조금만 더 잘 됐어도 재미있게 봤을 텐데. 그냥 분위기로 본 셈치고 나와서 맨하튼의 밤거리를 다 같이 걸어서 호텔로 돌아갔다. 다음날은 마지막 뉴욕 일정이다. 오전에 잠시 미팅이 있고 오후에 보스턴으로 넘어간다. 보스턴은 내일 시민 대부분이 마라톤에 참여한다고 한다.

다음날 오전에 업무를 보고 센트럴파크 앞에 있는 사라베스라는 유명한 브런치 식당으로 이동했다. 뉴욕에서 근무하고 있는 일행 중 한 명이 이 레스토랑은 예약을 해야 들어올 수 있을 정도로 사람이 늘 많다고 한다. 왜 유명한지는 잘 모르겠으나 나중에 한국에 분점까지 생길 정도로 인기가 많다고 하는데 내 생각엔 센트럴파크가 앞에 보여서 유명한 것이 아닐까 싶은데.

브런치를 먹고 나서 센트럴파크를 잠시 산책하고는 호텔로 와서 짐을 꾸리는터 보스턴에 폭탄 테러가 났다는 것이다. 아니 갑자기 이게 무슨 영화 같은 일인지. 미국에 있으니 헐리우드의 액션영화처럼 상황이 너무 상상을 초월하게 펼쳐지고 있었다

에필로그)

난 미국출장으로 방문한 도시 중 살고 싶은 곳을 뽑으라면 포틀랜드라고 말하고 싶다. 조용하고 근심 없어 보이는 분위기가 지금도 기억에 남아 있다. 미국인들도 은퇴하고 살고 싶어하는 데는 이유가 있지 않을까? 그런데 너무 편해서 살은 많이 찔 듯 하다. 음식 양이 대체적으로 너무 많아서 위가 늘어날 수도 있을 듯.

뉴욕에서도 밤 9시면 잠자리에 들었었는데 왜 그리도 일찍 잤는지 지금 생각하면 너무 아쉽다. 다른 일행들은 소호에 가서 야식 먹는다고 계속 외출 했었는데 나만 못 나갔다. 담에 한번 더

가게 되면 맨하튼의 밤거리를 꼭 만끽해 보고 싶다. 미국의 어느 곳이든 자유롭게 다닐 수 있었던 젊은 그대는 지금의 내가 가질 수 없는 눈부신 젊음이 얼마나 큰 재산인지도 모르고 있었을 것이다.

보스턴 폭탄 사건, 그리고 엘리베이터

우리는 미국 Kaplan 담당자와 잠시 미팅을 가졌다. 보스턴 쪽으로 이동을 해야 할 것인지 아니면 여기서 비행기 표를 변경해서 한국으로 귀국할 것인지를 결정해야만 했다. 우리가 보스턴에서 일을 보려고 했던 곳은 폭탄테러 장소와는 거리가 있으므로 일단은 그쪽으로 이동을 하자는 쪽으로 결론이 났다. 사실 일행 인원이 꽤 많았기 때문에 비행기 표를 전부 변경하고 이미 예약해 놓은 국내선과 호텔을 취소시키고 하는 것도 만만치 않은 비용이 발생하는 것이었다. 우리들은 일정대로 보스턴행 비행기를 탔고 무사히 도착해서 호텔 체크인까지 마치고 짐을 풀었다.

뉴스로는 굉장히 심각한 상황이라 도시 전체가 마비되어 있을 줄 알았는데 아직까지는 별다른 조치 없이 조용했다. 늦은 저녁 식사이었기에 호텔 근처에 있는 베트남 식당에서 간단히 먹기로 하고 짐을 대충 들여놓고 엘리베이터를 탔다. 방을 같이 쓰게 된 같은 회사 직원- 미국 어학교 담당자, 그리고 미국인 2명이 엘리베이터 안에 있었는데 잘 내려가다가 갑자기 엘리베이터가 멈춰버렸다.

몇 층인지도 모르겠고 순간 패닉 상태가 돼서 비상버튼을 누르고 상황을 얘기했는데 일단은 호텔 내의 엔지니어가 퇴근했기 때문에 다시 올 때까지 기다려 달라는 것이다. 911을 부르려고 하니까 그러면 호텔이 영업정지 당한다고 그것만은 하지 말아달라고 그런다. 이 모든 교신은 미국 어학교 담당자가 했고 우린 옆에서 심각한 얼굴로 지켜보고 있었다. 난 이러다가 엘리베이터가 떨어지면 어떡하나가 제일 걱정이었다. 그럴 일은 없을 거라고 저쪽에서 안심시키지만 그래도 혹시 모르지 않는가. 911이 오면 제일 빠를 텐데 그건 못 부르게 하지, 엔지니어는 지금 시내 폭파 사건 때문에 길이 다 통제가 돼서 오는 데 시간 걸릴 것 같다고 하지, 정말 무서워서 미칠 지경이었다. 그렇게 갇힌 지도 한 시간이 지났다. 휴대폰 밧데리도 자꾸 없어지고 왠지 공기도 점점 탁해지는 것 같고 어느 재난 영화에서 많이 나왔던 장면 같아서 자꾸 말을 아끼게 된다. 집에 문자라도 보내놔야 하는 걸까? 아들이랑 마지막으로 통화라도 할까 등 별의별 생각이 다 들었다. 그런데 다른 사람들은 나보다는 상태가 나아 보였다. 미국인 2명 중 한 명은 영화배우처럼 잘생긴 신사였다. 그 와중에 외모 파악은 확실히 해두었다. 양복을 빼입은 모양새가 약속 있어서 나가는 것 같은데 시간이 길어지니까 그제서야 서로 통성명을 하면서 이 난국을 어찌할까를 얘기하면서 조금이나마 위로를 주고받았다. 이름은 기억이 안 나지만 직업은 변호사라고 했다. 자기가 나가면 911에 신고 못 하게 한 거 고소해서 보상받아 주겠단다. 뭐 허세려니 하고 귀담아듣지는 않았다.

한 시간 반 정도 지나니까 드디어 문이 열렸다. 하지만 위에서 사람들이 끌어당기면 겨우 나갈 수 있는 상황이었다. 나는 일단 탈출하고 나서 우리에게 죄송하다면서 거듭 굽신 대며 사과하는 호텔 관계자들한테 답답한 영어로 더듬더듬하느니 노려보는 것이 낫겠다 싶어서 계속 째려보고 있었고 우릴 대신해서 kaplan 측 어학교 담당자가 속사포로 따져댔다. 그 고소를 해주겠다던 변호사는 바쁘다며 줄행랑쳤고 나머지 두 명은 일단 구출된 것만으로도 다행이라 생각하는 듯한 분위기였다.

호텔측에서는 엘리베이터에 갇혔던 인원들한테 방을 스위트룸으로 바꾸어 주고 숙박기간 동안 뷔페를 계속 무제한 사용할 수 있는 정도의 배상을 해주겠다고 했는데 뷔페는 우리 일행들 전원이 다 이용할 수 있게 해달라고 내가 다시 조율했다. 대충 그 정도만 얘기를 하고 늦은 저녁을 먹으러 나갔다. 호텔로 다시 돌아와보니 방을 다시 배정했다고 해서 짐을 싸 들고 새로 제공해준 방으로 갔다. 약간 입구가 길게 되어 있는 특이한 방이었다. 첫날은 너무 피곤해서 방에 대한 느낌도 없었고 일단 잠자리에 들었다. 나중에 알게 된 것이지만, 우리 일행들이랑 보스턴의 마지막 날 저녁에 내 방에 모여서 2주간의 출장을 다같이 마무리하는 시간을 가졌었는데 그때 다들 내 방이 공주 방 같았다고들 감탄을 하긴 했다. 아마도 내가 제일 무서워 보여서 그런 것이 아니겠느냐는 추측을 하면서.

그 다음날 아침 조식 뷔페를 먹으러 내려갔더니 도시 전체에 외출 금지령이 내려졌다는 기가 막힌 뉴스를 들었다. TV에서도 나오고 있지만 어학교측 담당자가 급하게 일정 관련 미팅을 하자면서 전달해 주었다. 마치 계엄령이 내려진 것처럼 탱크가 다니고 총으로 무장한 군인들이 테러범을 잡기 위해 도시 전체를 샅샅이 뒤지고 있었다. 어쨌거나 계엄령으로 인해서 갑자기 호텔에서 하루 종일 있게 되는 바람에 평소 출장 때는 시간이 없어서 이용할 엄두도 못 냈던 호텔 수영장에 들어가 봤다. 수영할 생각은 아예 없었고 그저 수영하는 사람들 구경만 하다가 올라왔다. 하루 종일 호텔안에서 운동도 하고 책도 읽고 나름대로 시간을 때웠는데도 하루가 너무 길었다.

호텔 주방 직원들이 출근을 제대로 못한 탓에 호텔 내의 식재

료가 점점 부족해서 저녁 뷔페에는 거의 먹을 수 있는 것들이 몇 가지 없었다. 그래서 각자 비상식량으로 싸왔던 컵라면 같은 것들을 꺼내서 같이 먹거나 호텔 바로 옆에 있는 작은 슈퍼에 몰래 가서 간단히 먹을 거라도 사왔다. 각 룸들은 직원들이 출근을 못해서 청소가 하나도 되어 있지 않았고 프론트에 있는 직원들이 청소 및 주방까지 왔다 갔다 하는 것 같았다. 정말 처음으로 겪어보는 일들이다. 나중에 한국 가서 주변 사람들한테 얘기하면 내 말을 믿어 줄까 싶었다. 그래도 폭탄으로 인해서 많은 시민들이 다치고 미국은 또 다시 예전 911테러와 같은 일이 벌어지진 않을까 하는 분위기였고 국가 전체가 비상 체제에 돌입해 있어서 빨리 사태가 일단락되기를 바랬다.

그 다음날 오전에 다행히도 테러범은 잡혔고 외출금지는 바로 풀려서 미뤄졌던 업무를 하루에 몰아서 보느라고 바쁘게 다녔다. 하버드스퀘어에 있는 어학교를 방문하고 담당자들과 미팅을 한 후 서둘러서 다른 센터까지 가서 일을 마치고 나니 그래도 하버드대학교 캠퍼스를 조금이나마 거닐 수 있는 여유가 있었다. 학교 안을 걸으면서 이번 출장을 잘 마치고 가게 된 것에 대해 감사했다. 마지막 출장지에서 잊지 못할 사건과 블록버스터급 영화 한 편을 찍고 가는 이벤트가 있었다는 것 또한 기억할 만한 일이라 생각하며 가슴을 쓸어내렸다.

2주 동안의 출장은 많은 대학 방문이 포함되어 있어서 너무도 뜻깊은 출장이었던 것을 느끼며 걷다가 어느덧 존 하버드 동상 앞에까지 다다르게 되었다. 그 동상의 구두 앞을 만지면 하버드에 들어온다는 속설 때문에 사람들이 구두를 만지며 사진을 찍으려고 줄들을 서 있었다. 아들의 대학입시가 아직 몇 년이 남긴 했지만, 나도 살짝 어루만지면서 소원을 빌었다. 와이드너 도서관도 워낙 유명한 곳이기에 그 앞에서 인증샷 한 장 찍고 주변에 하버드 대학 나온 사람이 누구 한 명 있었는데 지금은 어찌 지내나 생각하며 슬슬 오늘 일정을 마무리했다.

　그렇게 짧고 굵었던 미국과 캐나다 출장을 마치고 무사히 한국으로 돌아왔다. 삶은 한 치 앞을 보지 못한다는 것을 새삼 깨달은 여정이었고, 미국을 대표하는 몇 곳을 가볼 수 있는 기회를 가질 수 있었던 것은 그래도 직장에서 성실하게 일한 것에 대한 보답이였기 때문에 언제 또 올지 모르는 기회를 늘 준비하고 자신을 성장시키고 있어야 한다는 것을 다시 한번 내 자신에게 각인시켰다.

　에필로그)
　나중에 한국에 온 후 나는 엘리베이터 트라우마가 생겨서 한동안 이용을 못하고 늘 계단을 이용했었다. 한 시간 반 정도 갇히었던 두려움이 무시할 것은 못되었다. 지금도 가끔 엘리베이터 타다가 무슨 소리가 나면 아무 층이나 일단 내려서 걸어가곤 한다.

엘리베이터 안에서의 그 변호사라는 사람은 아무래도 직업을 속인 것 같다. 배우가 아니었을까? 민원을 해결하지 못하고 도망간 점과 너무 지나치게 잘생긴 점이 변호사와는 잘 안 맞는 것 아닌가 싶다.

보스턴도 기회가 된다면 한 번 더 가보고 싶다. 100년이 넘은 메이저리그 야구 경기장인 펜웨이파크에 다시 가게 되면 이번엔 꼭 아들이랑 가야지.

불광동을 떠나며

4년간 살았던 은평구의 아파트와 작별하는 날이다. 북한산 길목에 있어서 주말이면 등산객들이 줄을 이어서 집 앞을 지나가고, 역 앞에는 맛있는 김밥과 떡 등 산 중턱에서 중간중간 먹기 좋은 간식거리들이 있는 곳이었다. 여름엔 에어컨이 필요 없을 정도로 산바람이 시원하고, 또 거실에서는 산봉우리로 오르는 산악인들을 볼 수 있을 정도로 북한산의 정상들이 눈뜨면 보이는 곳에 살았다. 그러다 보니 나도 모르게 오늘은 몇 명이 저 위험한 곳을 오르고 있는 건가 하며 시간 날 때마다 뚫어지게 바라보게 되곤 했다.

산 옆에 살았지만 사는 동안에 한 번도 산에 가지는 못했다. 보는 것만으로드 대리만족을 느껴서일까. 아니면 화려한 등산복이 없어서 차마 주말에 마치 엠티 가는 대학생들처럼 쭉 이어서 가는 그 행렬에 기죽어서 못 끼는 것이었는지. 언젠가 한번은 집에서 입고 있었권 트레이닝복을 입고 혼자 올라가려고 하다가 복장에 밀려 다시 온 적이 있었다. 괜히 가기 싫어서 핑곗거리 만들어서 온 것이겠지만. 아무튼, 북한산은 못 가봤다. 그 동네 분들도 다 비슷하지 않을까? 산 옆에 사니까 늘 산에 있는 기분? 그래서인지 그 동네 세탁소나 슈퍼 사장님은 언제나 등산복을 입고 계셨다. 마음만은 산 정상에 있는 것처럼.

나는 산 대신 근처에 있는 불광초등학교 운동장을 거의 매일 돌았다. 10바퀴를 빠른 걸음으로 돌고 줄넘기 천 개로 마무리를 지었다. 그때는 건강을 위해서라기보다는 자기관리라는 명목 하에 몸매 유지 차원의 운동 실행이었지만 그렇게 열심히 운동으로 꾸준히 살았는데 왜 디스크란 병이 왔을까? 아무리 운동을 열심히 해도, 슬프지만 나이 들면 올 건 다 오나 보다 싶다.

운동이 끝나면 불광시장에 들러 아주머니들이 인심 좋게 덤으로 주시는 야채들을 사서 집에까지 걸어온다. 그 길도 오르막길이라서 나름 운동이 되는 미니 등산로다. 늘 마트에서만 재료를 사다가 가끔 재래시장에서 쇼핑하는 묘미는 사본 사람들은 잘 알 것이다.

대학을 졸업하고 바로 은평구에 있는 예일여중이라는 곳에서 기간제 교사를 했던 적이 있다. 그 시절엔 동네 주변을 느낄 여유가 없었는데 나이가 들어 다시 이사 와서 살아 보니 매력이 많은 곳이다.

그런데 그 공기 좋은 불광동을 떠나게 되었다.

에필로그)

동네는 정붙이기 나름이지 싶다. 어디서 살든 살다 보면 익숙해지고 아는 사람들이 생겨난다. 익숙함이란 단어가 점점 편해지고 정이 들면 떠나기가 힘들어지는 것, 그것이 더불어 사는 것이겠지? 불광동에 살면서 집 앞 미용실 원장님과 정육점 사장님 그리고 마트 사장님과 친하게 지냈었는데 그 동안 고마웠다고 인사도 못하고 떠났다. 집 빼는 날 주인 할머니가 오셔서 그동안 잘 살아줘서 고맙다며 20만 원을 주머니에 넣어 주셨다. 뭐 해 드린 것도 없는데 뻘쭘하기도 하고 미안했다. 단지 월세 한번 밀리지 않고 하루나 이틀 미리 넣어 드린 것 외엔 없었는데. 아무튼 할머니는 얼마 전에 할아버지가 돌아가시고 나서 맘이 많이 약해지셨나 보다. 나는 분당으로 이사 오고 나서 감사의 의미로 과일을 택배로 보내드렸다. 이렇게 정은 계속해서 오고 간다.

익숙지 않은 낮은 연봉

회사를 다니면서 석사를 마무리 할 때 즈음에 몇 군데 대학에서 산학협력교수를 채용하는 공고가 몇 개 눈에 띄었다. 다행히 박사를 갖고 있지 않아도 사회경력 10년 이상이면 지원이 가능한 조건들이 있었다.

그럼 그동안 내가 쌓아온 경력을 발휘할 수 있지 않을까 싶어서 상명대와 강남대 두 군데 원서를 냈다. 내심 바라기는 현재 집에서 가까운 상명대에 됐으면 했다. 정년트랙이었기 때문에 욕심이 났지만 거긴 서류 전형에서 낙방했다. 이유는 15년 경력이 너무 짧다고 한다. 납득이 잘 안 가지만 그렇다고 하니까 그런가 보다 했다. 그런데 다행히도 두 달 정도 열심히 왔다 갔다 하며 면접을 본 강남대에서는 합격 통보가 왔다. 그러나 용인시 기흥에 위치해 있어서 불광동 집에서 다니기는 무리였다. 지금 생각해보면 차라리 집이 멀어서 가끔 학교를 갔다면 무리하게 사업을 열심히 안 하게 됐었을 거고 지금처럼 아프지도 않았을 거라는 가정을 해보지만 내 성격에 대충대충 일을 하는 사람이 아니기 때문에 분명 학교 근처로 이사를 갔을 것이다.

강남대의 2차와 3차 면접은 12월 24일과 31일이었다. 24일엔 내 생일이었는데 떨어질까봐 엄마가 미역국을 안 끓여 주셨던 기억이 난다. 그게 그다지 영향이 있지는 않지만 엄마의 염원이라 생각하고 그러려니 했다. 31일엔 면접을 마치고 나오니까 함박눈이 엄청 내리고 있었다. 일 년의 마지막 날이라 길은 막힐 것이 당연했고 집까지는 분명 3시간 이상 걸릴 것 같아서 학교 앞 만두 집에서 만두랑 라면을 시키고 눈 내리는 창밖을 바라보면서 혼자 저녁을 먹었다. 그리고 그 앞 던킨 도너츠에서 뜨거운 아메리카노를 두 손 가득 쥐고는 한 해의 마지막 날을 음미했다.

이젠 어디 지원서를 내고하는걸 그만하고 싶었다. 모든 증명서를 새로 다 받는 것이 간단한 일도 아니고 혹시라도 시강을 해보라고 하면 강의 준비도 해야 하고 이래저래 2개월 정도는 애가 타는 일이다. 물론 그것도 최종까지 갔을 때 일이지만서도. 하지만 지금 다시 어디에 지원서를 내려면 그때보다 서류는 더 많아졌고 서류를 발급할 때 드는 비용도 꽤 많이 든다. 거기다가 그동안 책과 논문도 많이 내서 지원서 플러스 A4용지 박스 하나 가득 나갈 것 같다. 그래서 박사들이 대학 임용에 지원했다가 몇 군데 떨어지면 무너지는 자존감 때문에도 화병이 나지만 그동안 서류 준비하느라 지쳐서 병이 나고 앓아눕는다는 걸 십분 이해하겠다.

1월 중순경 강남대 합격 메일을 받았다. 그러나 집에서는 다니지 말라고 반대를 하셨다. 산학협력 교원의 급여가 최저시급 정도 밖에 안 된다고 하니 생활이 불가능하다고 걱정이 태산이셨다. 물론 본인이 한 일에 따라서 성과급이 나오지만 혹시라도 그냥저냥 1년을 보내고 겨우 재임용만 되는 정도라면 성과급 없이 그 연봉으로 1년을 지내야 했다. 정말 익숙지 않은 연봉이었다. 사실 지금도 낯설기는 마찬가지다. 그렇게 적게 받아 본 적은 사회 초년 시절이나 있었지 45세에 그렇게 받으면서 산다는 것은 기초 생활도 사실 어려운 일이다. 나는 모든 걸 혼자서 벌어서 생활해야 하므로 부모님이 더 걱정을 많이 하셨다. 그런데 마침 그때 캐나다 쪽 학교에서도 입사 제안을 받은 터라 양쪽 직장 중 어느 쪽으로 가야 할지 고민이 많았다. 물론 캐나다 쪽 급여는 꽤 많았지만 생활 터전을 토론토로 옮겨야 한다는 것이 또 다른 고민을 하지 했다.

어쨌거나 최종 결론은 대학으로 내렸다. 단, 박사학위 취득을 목표로 일단은 4년간만 다녀보기로 했다.

에필로그)

낮은 연봉은 대신 자유로움을 주었다. 학고는 일 있을 때만 나와도 되고 본인이 밖에서 어떤 사업을 하든 알아서 일정 실적만 유지하면 되는 거였다. 실제로 1년에 한번 나올까 말까 하는 교수도 있긴 있었다. 나는 거의 매일 나와 있었는데 결과적으로 보면 나나 1년에 한번 오는 교수나 재계약은 잘 되고 있다. 물론 인센티브도 그렇고 사업을 진행하면서 학교에서 인정받는 신뢰도는 많이 차이가 나지만서도 임용 자체만 본다면 대충대충 하다가 기준만 채워도 재계약이 되니 겉으로 보기엔 나와 별 다른 것이 없었다.

다행히도 학교에 들어오고 나서 한 번도 경제적으로 어려워 본 적은 없었다. 교내에서의 일본취업과정도 잘 정착이 되었고, 조금이나마 들어오는 임대료가 있어서 그것도 도움이 되었다. 게다가 수원의 일본취업과정도 잘 진행이 되어서 늘 풍족하게 채워졌다. 결과적으로 학교로 오길 잘 한 것 같다.

대학에서 시작하기

다시 학교로

2014년 2월 말에 학교 임용이 결정되고 나서 분당 쪽에 작은 원룸을 얻었다. 학교와 어느 정도 거리도 있었고 서울 가기도 괜찮은 거리라고 생각했다. 그만큼 학교와는 어느 정도 거리를 두고 있었다. 그래야 내가 외부에서 강의도 할 수 있고 학위 마무리도 하는데 용이할 거라 생각했다. 그리고 박사과정도 다시 들어가야 하는 등등 여러 가지 이유에서 아주은 학교에 발을 조금만 담가놓고 싶었다. 그러나 얼마 안 있어서 일이 너무 많아졌고, 왔다 갔다 하는 시간을 줄이려고 아예 학교 앞으로 이사를 갔다. 일복을 타고났는지 늘 일한테는 지고 만다.

다행히 월세가 조금 들어오는 것이 있는 터라 낮은 급여로 생활하는데 조금이나마 도움이 되었다. 그리고 감사하게도 고대 선배님 중 한 분이 유한대 교수님이셨는데 중국어과에 소개를 해주셔서 학과장님과 면담을 하게 되었고 내가 공저로 쓴 의료실용중국어 책을 검토해 보시고는 전공 중국어 강의를 할 수 있는 기회를 주셨다. 사실 중국에서 6년간 머무르면서 학교도 다니고 공부도 했지만 대학 강의는 삼육보건대에서 1년 정도 한 경력 밖에 없었는데 그래도 기회를 주셔서 너무 좋은 경험이라 생각했다. 최선을 다해서 강의한 덕분인지 1학기 강의평가가 꽤 좋게 나와서 교양과목도 해달라는 본부의 요청으로 프리젠테이션 실습이라는 과목을 맡게 되었다. 아마도 컴퓨터공학 석사전공이 영향을 미친 것이 아닌가 싶다.

거리가 먼 곳이었지만 정말 열심히 준비해서 다녔다. 내부순환도로가 출근 시간엔 엄청 막히니까 안 막히는 시간에 미리 가서 운동도 할 겸 새벽 6시 반에는 집을 나섰다. 월요일 아침 9시 강의라서 어쩔 수가 없었다. 그런데 고맙게도 중국어과 학생들도 지각 안 하려고 남학생들 몇몇은 그 전날 아예 학교 근처 찜질방에서 자고 등교를 한다고 했다. 성실하게 임해주는 학생들이 고마웠고 나 또한 아이들 한 명 한 명에게 신경을 많이 써서 대했다.

어디서든 열심히 하다 보면 꼭 일이 일을 부른다고 했던가. 이번엔 경민대에서 관광 중국어 강의를 맡아달라고 요청이 왔다. 그전부터 알고 지냈던 호텔과 교수님이 그 과 학생들에게 교양필수 과목으로 부탁을 하셨다. 유한대 보다 더 먼 곳이었지만 부모님 댁 옆이었기 때문에 새벽 6시에 나가서 부모님 댁에서 한숨 눈 좀 붙이고 나서 강의를 가면 되겠다 싶어서 그것 또한 기쁜 맘으로 한다고 했다.

  생활비를 걱정하고 시작한 대학생활이었지만 풍족하게 채워졌고 바쁘게 지낼 수 있도록 강의까지 꽉 채워졌다. 게다가 간만에 하는 중국어 강의도 나름 재미가 있었다. 1년 전에 중국어 책을 써 놓기를 잘 한 것 같다. 뭐든 기회가 왔을 때 잡아 놓는 것이 나중에 생각해 보면 너무도 잘 한 일이라고 생각할 때가 더 많았다.

  암튼 난 일 벌리는 데는 둘째 가라면 서러울라나. 자꾸 아이디어가 떠오른다. 두 대학에서 관광중국어 강의를 하면서 시중에 나와있는 기존의 교재들을 아무리 뒤져봐도 면세점 판매에 특화된 중국어 교재는 없다라는 걸 알게 되었다. 아니 좀 더 현 시점에 맞게 만들어진 건 아직 없었다. 출판되어 있는 한중 관광에 대한 여러 가지 자료와 책도 많이 사서 읽어코고 시간 날 때마다 서점에 들려서 판매에 관한 중국어 교재가 얼마나 나와 있는지 일본어 교재와 비교해 봤지만 콕 집어서 면세점에 관한 중국어 회화 책은 아직 찾아볼 수가 없었다.

  그래서 나는 현재 국내에서 제일 큰 중국어 전문 교재 출판사에 인맥을 연결하여 기획안을 냈고 많은 기대는 하지 않았지만 내심 좋은 결과를 기다리고 있었다. 그런데 얼마 후 출판사에서 진행해 보고 싶다고 연락이 왔다. 그 이후로 시간은 조금 걸렸으나 햇수로 2년 만에 책이 나온 것이다. 나의 열정시대는 식을 줄 모르고 활활 타올랐고 조금씩 사회적 참여도도 높아지고 있었다.

이렇게 불 타오르는 정열을 가지고 타 대학 강의를 어느덧 3년이나 하게 되었다. 경민대는 너무 멀어서 딱 1년만 하고 정리를 했고 유한대는 계속 2년 정도 더 하다가 교내 사업과 외부 프로젝트가 너무 많은 탓에 과로로 쓰러지게 되어서 결국엔 유한대도 정리를 하게 되었다. 전공 중국어 강의는 지금 생각해도 좀 아쉽다. 내가 국가자격증 면접위원까지 하게 되는 원동력이 되었고 중국어 교재 쓰는데도 활력소가 되었었는데. 하지만 그런 아쉬움은 곧 내가 일어 교재를 내는 계획을 세우게 되면서 사라지게 되었고 그 교재 쓰는 일에 집중하기 위해 당분간 다른 생각은 할 여유가 없었다

지루할 것만 같았던 다시 대학으로의 복귀는 머지않아 눈코 뜰 새 없이 바쁜 나날로 바뀌었고 석사를 어느새 마무리하고 6개월간 열심히 강의하고 책 쓰면서 박사과정에 대한 고민도 하기 시작했다. 그리고 강남대에서 계속해서 근무하려면 실적이 있어야 하는데 내가 펼칠 수 있는 주특기를 이 학교에서 받아줄까 하는 생각이 들었다. 분명히 면접 때는 총장님이 나에게 말씀

하시길 '우리 대학에 들어와서 해외취업 분야 쪽 사업 시작해서 학생들 취업 많이 시키길 바랍니다'라고 하셨는데 막상 교내에서는 전혀 할 생각도 없었고 도와줄 사람도 없었다. 그래서 난 다시 다른 대학을 틈틈이 알아봐야 했고 타 대학 강의를 열심히 나가는 것도 그런 이유 중 하나였다. 그리고 아마 나 같은 생각을 다른 산학교수님들도 한 번쯤은 해봤으리라 생각이 든다.

그래도 나의 자산인 일본 기업들과의 관계 유지는 꾸준히 해놔야 할 것 같아서 자비로 일본 출장을 몇 번 다녀왔다. 아직 강남대가 일본 취업과정을 하는 것은 아니지간 내가 직장을 옮겼다는 것을 알리는 차원으로 갔다 왔다. 혹시라도 K-MOVE 과정을 하게 되면 기업들의 구인 의뢰서가 필수인데 몇 년간 연락을 안 하다가 갑자기 부탁을 하는 것도 예의가 아니기도 해서 내 나름대로 미리 마케팅을 하는 셈이었다.

슬슬 불투명한 미래 속에서 어떻게 대학에 자리를 잡아야 할지 걱정이 되기 시작했다.

그러나 내심 해외 취업 과정만은 마지노션으로 밀어놓고 싶었다. 왜냐면 너무 힘든 일이라 또 내 삶은 그 일에 올인하게 되고 개인적인 생활도 내줘야 하니까. 가능하면 다른 일들이 있다면 대학 안에서 새롭게 해보고 싶었는데 어쩐지 그 일을 하게 될 것 같은 불길한 이 예감은 틀리지 않을 것 같았다.

에필로그)

어쩌다가 나도 이 일을 이리도 오랫동안 하고 있는 것인가 하고 내 스스로에게 자문해 봤다. 무슨 일이든 오랫동안 하려면 힘들어도 일단 즐거워야 하고, 오랜 기간 동안 하려면 자기한테 잘 맞아야 하는 것인데 나는 이 일이 내 적성에 딱 맞아떨어지는 것인가?

내가 너무 외롭고 힘든 시기에 이 일을 만났고 많은 학생들을 챙기며 대화하면서 아들에 대한 그리움을 조금이나마 달랠 수 있었다. 일이 너무 많아서 야근과 주말 근무를 해야 하고 해외출장도 주기적으로 가야 하는 힘든 업무들이었지만 그래도 그렇게 바쁜 일상이 위로가 됐고 아들의 빈자리를 일로 다 채우려고 하다 보니 어느새 이 해외취업이라는 일에 대부분의 삶을 넣어 버렸다. 그렇게 운명처럼 이제는 내 인생의 동반자가 되었다.

험난하게 시작했던 K-MOVE

2014년 하반기 수시 과정으로 한국산업인력공단에 일본IT 취업과정 제안서를 제출해 봤다. 2010년에 마지막으로 하고 한동안 손을 놓고 있었는데 2012년부터 슬슬 다시 일본 경기가 좋아지고 있어서 일본 과정으로 승인받으려고 한국산업인력공단에 제안서들을 내고 있는 분위기였다.

오랜만에 울산으로 내려가서 공단 본부이 어떤 분이 담당자인지 인사도 드릴 겸 출장도 갔다 오고 나름대로 새로 시작할 마음가짐을 가지고 있었다. 어쨌거나 결과는 좋았고 그 결과를 학교 내부에서 의논을 했는데 그렇게 귀찮은 것을 왜 가지고 왔냐는 반응들이었다. 나는 순간 이 학교에서는 설 곳이 없겠구나 라고 느꼈다. 몇 달 안 남은 재직기간 안에 다른 곳을 알아봐야겠다라는 생각이 바로 들었다. 아무리 이 과정의 메리트에 대해서 설명을 해도 다 하기 싫다고 했다. 사업을 따와도 하기 싫다고 하는데 나는 더 이상은 할 의욕이 생기지를 않았다. 내가 모집부터 교육에 취업까지 시키겠다고 했고 더군다나 정부에서 학교로 지원비가 들어오고 애들 취업률도 좋아지는 것인데 귀찮다는 반응은 정말 상상도 못했다. 하지만 그때는 내가 대학 내의 분위기를 잘 몰랐을 때라서 황당했지만 지금은 어느 정도 예상이 되는 분위기다. 대학에 아무리 좋은 사업이라도 그 어느 부서로 선뜻 하려고도 하지 않지만, 나처럼 아예 희생하면서 그 일에 매달려서 할 만한 사람도 찾아보기 힘들다. 학생들 모집에 어려움이 없는 수도권 대학은 더더군다나 해외취업사업에는 관심이 없다.

다행히도 그때 기획처장님과 산학협력단장님의 도움으로 과정을 버리지 않고 살릴 수가 있었고 단장님이 전자공학과 교수님이셔서 학생들도 전자공학과에서 반 이상 채워 주셨다. 지금 생각하면 너무도 고마운 분이시다. 같은 시기에 임용된 산단 교수님과 조인해서 우여곡절 끝에 1기를 겨우 시작할 수 있게 되었다. 급하게 개강시기를 잡은 거라서 교육기간은 짧고 애들 실력도 아주 뛰어나지는 않았지만 어떻게든 전원 취업은 시켜놨다. 지금도 늘 100프로 취업은 시킨다. 그러나 애들이 변심하거나 비자 취득 기간에 잠적하는 일이 발생하기 때문에 참 힘든 일이라는 걸 매번 그리고 매년 느끼고 있다.

시작과 함께 곧 2기의 제안서를 제출할 시기가 바로 돌아왔다. 이 사업이 그렇다. 잠시도 쉴 틈이 없는 일이다. 톱니바퀴처럼 맞물려 있어서 이 일에서 손 떼기 전까지는 단 하루도 안심하고 지내기 힘들다. 나야 오랫동안 해왔기에 어느 시점에서 문제가 발생되겠구나 라고 느끼거나 혹은 그럴 가능성이 있어 보이면 미리 해결을 할 수 있는 촉이 있지만, 남들 하니까 무작정 시작하는 연수기관들의 경우에는 운영의 노하우가 없거나 취업률을 못 채워서 공단으로부터 지원금을 못 받고 결국은 재정난 등으로 금세 폐업하는 사례도 빈번하게 봐왔다. 대학들도 1~2년 해보다가 다시 미승인 나는 케이스도 꽤나 주변에 많다.

한편 교내에서는 내가 힘들게 매일매일 해나가는 것은 이해할 생각도 않은 채 그저 겉으로 잘 돼 가는 것 같은 모습만 보고 시기하고 질투하는 세력들이 또 슬슬 생기기 시작했다. 어느 집단이나 다 그렇고 대학 또한 예외는 아니었다. 자신이 노력해서 힘들게 하고 싶지는 않고 남이 해 놓은 것을 어떻게든 쉽게 가져가고 싶은 사람들이 많았다. 나에게 뭔가 제안한 것을 거절하면 잘난 체하고 욕심부린다고 뒤에서 험담을 하기 일쑤다. 예전에 재직했던 회사에서도 처음에 이 사업하면서 소위 잘 나간다는 말을 듣고 있을 때 그걸 어떻게든 끌어내리고 싶어 하는 못난 남자 직원들이 있었다. 여성들이 유리천장을 어렵게 깨고 우뚝 서면 그걸 못마땅하게 여기고 방해하는 집단이 반드시 있다. 축하해 주는 사람들보다는 시기하는 사람들이 더 많아서 어떻게든 그 상위권을 유지하려고 더 악착같이 노력하는 여성 리더들이 많을 것이다. 그나마 대학은 덜 한 곳인데도 어디나 그런 사람들은 꼭 있나 보다.

서로 안 하겠다고 토스하면서 시작된 일본IT 취업과정은 그렇게 겨우 안착을 했고 난 외부강의와 박사과정 준비를 하면서 학생들 취업과 서류작업 등 교내 과정 강의까지 정말 눈코 뜰 새 없이 바쁜 나날을 브내면서 연말과 새해를 맞게 되었다.

그렇게 일과 공부는 나에게 가족이자 친구가 되어 주었다. 그러다 보니 얻는 것은 일에 대한 성과들과 사회적인 인정이었고 잃는 것은 조금씩 갉아 먹히는 내 건강이었다.

에필로그)

지금까지 학교에서 6년째 일본IT 취업과정을 하고 있지만 매년 개강하기도 힘들고 또 애들 관리하기도 점점 더 어려워진다. 그 어느 누구도 따라오지 못하는 베테랑인데도 간혹 상식 이하의 행동을 하는 아이들한테는 속수무책으로 당할 수밖에 없는 현실 때문에 늘 고민하고 허탈해 한다. 교육자로서의 자부심으로 아이들을 어느 선까지 포용할 것인지 그리고 어느 정도 선에서 포기하고 내 자신을 다스려야 하는지 그 경계선에서 늘 마음이 아프다. 그래도 내 품에 있을 그나마 잘 따라주고 진심으로 걱정해주는 몇몇의 학생들이 있어서 그 따뜻함으로 계속 해왔고 앞으로도 그럴 수 있지 싶다.

허울 좋은 교수 타이틀

어정쩡한 산학교수의 직위는 일반 학과 교수들 사이에도 끼지 못하고 그렇다고 교직원들과도 어울리지 못하는 애매한 위치로 교내에서 뭔가 추진하기엔 턱없이 부족한 힘을 가지고 있는 존재였다. 게다가 외부에서 본인의 사업체를 하나씩 가지고 있는 분들도 계셨고 대부분은 대기업에서 누릴 것 다 누리다가 은퇴하시고 오신 분들이라서 굳이 힘들게 일 안 하고 싶어 하는 분들이 더 많았다. 그야말로 생계형 교수는 나 같은 40대 교수들이었는데 그나마 배우자들이 있는 여자 교수들의 경우는 소득에 신경 안 써도 되거나 명예 차원에서 하는 사람들도 있었다. 젊은 남자 교수들은 의욕이 있는 사람도 있는 듯 했으나 많은 대화를 나눠 본 적이 없어서 속사정까지는 잘 파악 할 수가 없었고 친분도 없었다. 분명한 건 나처럼 무지하게 혼자 뛰어야 하는 사람은 좀 흔치 않았다는 것.

난 내 생활과 미래를 책임져야 하고 아들의 지원도 해줘야 하는 싱글맘이라서 여유 있게 차 마시면서 가끔 학교에 나오는 교수들 하고는 삶의 탄력도 자체가 다르다. 주변에서는 뭐 그리 힘들게 사냐고 속 모르는 소리를 하는 사람들도 있지만 나를 대신해서 벌어다 주는 사람이 없다라는 것이 매우 불안한 미래이기 때문에 부단히도 열심히 노력하고 뛰어서 내 스펙도 높이 쌓고 남들이 엄두도 못 내는 이 분야의 전문 서적도 내면서 원톱이 되어야 한다고 생각했다.

어쩌다 교수가 되었지만 이 어정쩡한 기분과 위치를 바꿔 놓을 수 있는 것은 박사학위를 취득하는 것밖에 없다는 결론을 내렸고 다들 주위에서 뜯어말리는 박사과정어 뛰어들 채비를 나 스스로 하고 있었다.

사실 아무도 개의치 않는데 내 만족이고 내 욕심에 하는 것이라 스스로 목표의식이 없으면 그 힘든 과정을 감히 이제 50을 바라보는 나이에 시작한다는 것은 보통 일은 아니다. 더군다나 이렇게 강의와 일이 많은 와중에.

교수로 직업을 바꾸고 나서 좋은 것은 정부기관 일을 하면서 평가나 심의 등에 가끔 불린다는 것과 국가자격증 시험에도 간혹 나간다는 것, 그리고 해외취업분야의 특강이나 멘토링이 있으면 제일 먼저 나를 부르려고 한다는 것이 강점이긴 하다. 물론 내가 그 정도의 실력과 경력 등을 갖추고 있기 때문에 그런 것이지만 그래도 일반회사원 보다는 교수라는 타이틀이 약간은 우위에 있나 보다. 시간이 될 때마다 평가나 심의, 정부 프로젝트의 심사 등에 열심히 참여를 했다. 내가 쌓아둘 수 있는 또 하나의 경력들이라고 생각했고 내가 잘 아는 분야에 대한 과정 셋팅이라서 재미도 있는 터라 기쁜 맘으로 달려갔었다. 그때는 그런 참여 기록들이 언젠가 쓰이게 되리라고는 생각지 못했다.

2학기가 끝나기 전에 박사과정 지원서를 내고 석사 때 지도교수님이셨던 황교수님과 영원한 멘토 이신 김교수님을 뵈었다. 지도교수님이 이제 은퇴를 앞두고 계셔서 나까지만 박사를 받고 더 이상은 안 받으신다고 하셨다. 다행히 석사 논문 때 박사과정을 염두에 두고 미리 가이드라인을 잡아놓은 것이 있었는데 일단 그 아이템으로 지도교수님과 상의를 하고 2015년부터 박사과정을 하기로 결정을 했다. 다행히도 점점 바빠지는 일로 내 학비나 아들 학원비 등은 전혀 걱정하지 않아도 되었고 누구보다도 근면 성실하게 앞만 보고 일한 덕에 조금씩 내 노후도 준비하면서 살 수 있게 되었다. 너무도 감사한 일이다.

3월이 되기 전에 강남대 K-MOVE 1기생들의 취업을 끝내야 하는데 연수 기간이 워낙 짧다 보니 실력이 기대수준에 많이 못 미쳤다. 그래도 내가 대학으로 옮기고 나서 첫 기수이므로 의리상 채용을 1~2명씩은 해줄 줄 알았는데 몇몇 사장들은 모른 체 하는 사람도 있었다. 다른 연수기관에 과정들이 많다 보니 굳이 강남대에서 부족한 애를 뽑고 싶지 않다는 계산이겠지. 아무튼 그때 진골과 성골을 가린 셈이고 그 이후로는 절대 그 몇 회사에는 인력들을 주지 않고 있다. 수원상공회의소의 훌륭한 인재들이 있어도 그 시절에 나를 도와줬던 회사와만 지금까지 거래를 하고 있다.

사실 내가 관리하고 있는 기업들 수도 많이 늘었고 이젠 제자들이 워낙 많아져서 내가 일일이 마케팅을 다닐 필요도 없게 되었다. 나간 지 얼마 안 된 제자들 관리와 애들을 많이 뽑은 친한 기업들과 더 돈독히 관계 유지를 하는 것이 오히려 사업 진행에 도움이 되었다.

어쨌거나 힘들게 시작한 1기생들은 무사히 3월말에 연수를 마치고 대부분 출국을 하였고 그다음 기수들은 모집도 무난히 잘 돼서 여름방학 때부터 새로운 2기의 출발을 하게 되었다. 교내에서는 학점인정제를 도입해서 조금 더 안정되게 연수를 이끌어 갈 수 있게 되었다. 처음에 이 과정을 하기 싫어했던 그리고 나와 한 번 씩은 언성을 높였던 직원들도 이젠 열심히 도와주는 아군이 되어 주었고 나는 더 열심히 뛰어서 결과로 보답하려고 매일 학교에서 수업과 학생들 관리 그리고 서류 작업등을 빈틈없이 처리하였다.

에필로그)

대학으로 직장을 옮겨도 나는 늘 야근을 한다. 1인 기업인 교수라는 직업은 혼자서 모든 것을 다 처리해야 해서 주말도 없고 퇴근 후의 삶도 일의 연속이었다. 물론하는 만큼 얻게 되는 수입도 많지만 목 디스크가 와서 오른쪽 팔과 검지 손가락을 움직일 수 없을 정도로 6개월 정도는 왼쪽 팔로 많은 것들을 하려고 했다. 그래도 책상 앞에서 처리할 것들이 너무 많았다.

늦은밤 조용히 연구실에서 일하다 보면 잔잔한 음악을 틀어놓고 간식도 먹어가며 책도 보고, 나만의 공간에서 음미할 수 있는 소소한 행복도 느낄 수 있다. 조금은 쓸쓸하지만 그래도 이젠 그걸 즐길 수 있는 나이가 됐나 보다.

진짜 베테랑

취업 베테랑

2015년에는 그동안 바빴던 것보다 훨씬 더 바쁘게 살면서 단독 저서까지 출간하게 되었다. 그전까지 냈던 두 권의 책은 몇 명이 공저한 책이었는데 출판사에서 단독으로 내보면 어떻겠냐는 제의가 와서 겁 없이 시작해버렸다. 그러나 낮에는 도저히 쓸 시간도 없었고 일과 사람들과의 틈에서 글 쓰는 것에 집중한다는 것은 아예 불가능했다. 그래서 평소보다 좀 더 일찍 자고 새벽에 일찍 일어나서 휴대폰과 사람들 그리고 일로부터 멀어진 시간에 집중해보자 했는데 다행히 생각한 대로 충분히 나를 끌어낼 수 있는 적막함 속에서 누구의 방해도 받지 않고 글 속에 빠져들 수 있는 분위기였다. 글 쓰는 사람다다 유난히 글이 잘 써지는 공간과 시간이 있을 것이다. 어떤 이는 여행을 가서 쓰거나 아니면 산골마을 같은 공기 좋은 곳에서 쓰거나 하는 자기만의 취향이 있는 것 같다. 나는 그냥 내 방이 좋다. 평소에 일하고 공부하던 내 책상 앞에서 방 문을 닫고 아주 조용한 상태면 글이 잘 써진다.

모든 분야가 그렇겠지만 누군가의 도움 없이 단독으로 전문서적을 내는 것은 참으로 고독하면서도 나 스스로를 옥죄는 작업임을 알았다. 책 한 권을 직접 써 본 사람은 이해할 수 있을 것이다. 글이 쭉쭉 나가는 날은 그런 날대로 머리속에 있는 것들이 글로 다 안 풀어진 것 같은 그런 답답함이 있었고 그 반대로 뭔가 머리글부터 안 풀리는 날은 그런 날대로 안 풀려서 길게는 며칠 동안 한 줄도 못 나가는 날도 있었다.

그런데 이런 모든 작업들이 뭔가 날 중독시키는 느낌이랄까. 그리고 맘속에 꾹 담아 놨던 뜨거운 응어리들을 다 털어 내버리고 싶은 그런 맘이 조금씩 해소되면서 글이라는 얇은 포장지를 입혀 세상 밖으로 내보내는 순간 묘한 카타르시스를 느낀다. 새벽 3시면 책상 앞에 앉아서 써 내려가는 그 느낌이 어느새 날 **빠져들게** 했다. 하지만 원고를 쓰는 내내 심근경색처럼 가슴이 굉장히 답답했었다. 아마도 무언가 더 표현하지 못한 것들이 아직 많이 남아 있는 아쉬움 때문인 것 같다.

신기하게도 탈고를 끝내고 또 책으로 나오고 나니 그 심근경색 같은 증상은 씻은 듯이 쑥 하고 내려갔다. 그런데 몸은 새벽

기상시간에 익숙해져 있어서 늦게 자도 자꾸 그 시간에 일어나서 그걸 제자리로 되돌리는 것이 한동안 힘들었다.

취업베테랑은 나의 미니 자서전이다. 내가 젊은 시절을 어떻게 보내면서 나름 한 분야에서 인정받는 커리어 우먼이 되었는지에 대한 인생과 생활 습관 그리고 어떻게 이직에 성공하게 되었는지에 대한 내용들이 담겨져 있다. 내 경험을 통해 독자들에게 취업과 이직에 대해서 최대한 재미있게 에피소드 형태로 써 내려가려고 노력했다. 거기에 한참 이슈였던 경단녀란 시기를 경험한 시절까지 풀어낸 내용이다. 사회 각 분야에서 정말 열심히 달려온 분들과 친구들을 인터뷰해서 넣었고 전반적인 것 들을 기획하고 정리해서 넣었다. 차분히 삶의 흔적들을 정리하고 인생을 반추하는 일련의 작업들이 책을 통해서 세상에 나온다는 사실은 정말 설렜다.

책을 쓰는 일은 일일이 말을 안 해도 되는 것이 참 의미 있으면서도 값진 작업이다. 물론 나는 혼자서 사니까 말을 할 일이 집에서는 거의 없지만 일단 집 밖으로 나가면 얼마나 많은 말들을 해야 하는 가. 수업도 해야 하고 사람들과의 만남에서는 의무적으로 해야 할 때도 있고, 혹은 이런저런 불편한 말도 나눠야 하고 휴대폰의 메세지들도 어떤 때는 의미 없이 기력을 소모하면서 보내는 것들이 너무 많다 보니, 순수하게 글로만 이렇게 장문의 작업들을 할 수 있는 작업이 너무나도 소중하다. 요즘 누가 손 편지라도 쓰는 사람이 있는 가. 그저 한 줄 한 마디의 메세지들로 전해지고 시간이 지나서 삭제되면 마는 말들이 대세인데. 그래도 내가 살아있는 동안 오롯이 집중해서 글 속에서 나를 찾고 만나고 전할 수 있는 기회를 가졌다는 것을 행복하게 생각한다.

누군가에게 선물을 하고 싶을 때 내가 쓴 책을 사인해서 선물하는 뿌듯함은 어디에도 견줄 데가 없다. 연구실에 내가 쓴 책을 사놓고 많이 꽂아 났다가 손님이 오시거나 학생이 면담이라도 하러 오면 한 권씩 선물 하곤 한다. 내 책의 가장 큰 고객은 나인 셈이지만 그래도 내 생애에 가장 뜻 깊은 일 중의 하나가 아닐까 싶다.

에필로그)

첫 번째 단독 저서는 정말 애착이 많이 갈 수밖에 없는 것 같다. 지금도 누구에겐가 책을 선물 할 때면 취업베테랑을 먼저 드린다.

처음 2004년에 일본 취업과정을 정부 사업으로 시작하게 되었을 때부터 고생했던 일들, 두달에 한번꼴로 일본에 출장 다니고 기업을 마케팅 하면서 고생했던 여러 날들에 대한 내용들을 보면서 정말 친한 친구나 부모님은 많이 우셨다고 한다.

대부분의 제자들은 어떻게 이렇게 열심히 살 수 있을까 놀랐다는 반응이고 또 어떤 여학생들은 나를 롤 모델로 삼는 계기가 되었다고도 한다. 이렇게 좋은 영향과 슬든 감동을 줄 수 있는 매력적인 책 안에서 오늘도 나는 추억 속의 나와 현재의 나를 만나게 해주고 꿈을 꾸며 또 어딘가에서 만나게 될 미래의 독자를 향해 다가가고 있다.

수원과의 인연

2015년 여름, 한참 학교에서 수업하고 있는데 갑자기 산학협력단에서 연락이 왔다. MOU 사진을 찍으러 오라는 것이다. 전화로 얼핏 어디라고 들은 것 같긴 한데 아무튼 어딘지 모르지만 일단 오라고 하니 서둘러서 가봤다. 명함을 서로 교환하고 나서야 수원상공회의소 직원분들인 것을 알았다. 왜 오셨는지는 잘 모르겠지만 그쪽에서도 특별히 나에게는 관심도 없는 것 같아서 사진만 찍고는 나는 바로 수업에 들어갔다. 나중에 알았지만 그쪽과 컨택한 교수님들이 별도로 계셨기 때문에 그분들과 뭔가 다른 사업얘기를 하다가 일본 과정도 혹시 모르니 날 부른 것 같다. 그런데 애초에 나눴던 얘기는 성사가 안되었고 오히려 내 사업이 지금까지 오랫동안 잘 이어지계 되었다. 그 이유는 내게 기회가 왔을 때 상대방이 감동할 만한 재능을 보여줬기 때문임은 틀림없는 사실이다.

MOU건이 잊혀져 갈 즈음에 일본 과정을 수원상공회의소에서 관심 있어 하는데 미팅 하러 가자고 학교의 어떤 교수님이 제안을 하셨다. 사실, 강의 및 여러 가지 할 일이 태산이라서 새로운 일을 더 여기에 얹고 싶지는 않았지만 만약에 하게 되면 강남대가 컨소시엄으로 조인하게 될 것이고 내가 사업을 주도적으로 하게 될 텐데 사업 진행자가 빠질 수는 없는 상황이라 일단 가보기로 했다.

  난 뭐든 그 시절엔 좀 시니컬하게 말을 하는 모양새였다. 너무 해야 할 것이 많고 학생들 취업도 시켜야 하고 서류작업도 너무 많고 수업도 있고 내 박사과정 과제도 있는 상황이라 맘의 여유도 없었고 늘 피곤에 절어 있었으니 상대방이 나에게 맞춰주지 않으면 바로 그다음엔 볼 생각도 하지 않았다. 그러나 한편으로는 내가 가장 잘 하는 분야인 만큼 자신감이 있었던 터라 자존심을 상하게 하는 부분에는 굳이 맞춰가며 할 필요가 없다고 생각한 것이기도 했다. 어쨌거나 왜 자꾸 오라 가라 하는지 별로 내키지는 않았기 때문에 미팅에서는 최대한 말을 아꼈다. 내가 정말 잘 하는 사람인지 의심하는 분위기나 말투가 더 입을 다물게 했다. 그런데 그때 마침 산업인력공단 직원분이 오셨다. 그리고 공단 측이 그 자리에서 이교수님이 하신다면 믿고 해도 된다는 말을 하자 상공회의소는 바로 의심을 거두는 분위기였다. 왜 여자라고 구조건 못 할 거라는 인식을 아직도 가지고 있는 것일까. 그런 걸 나라도 좀 깨고 싶어서 모든 일 처리에 있어 요구 사항들은 더 당당하게 요구하고 그 대신 완벽하게 프로다운 결과를 내놓고 있는데 아직까지 우리 사회의 인식이 완전히 바뀌지 않았기 때문에 많은 여성 커리어 우먼들이 답답할 때가 많을 것이다.

지금도 충분히 바쁘고 잠도 충분히 잘 시간이 없는데 이 와중에 한 과정을 더 한다는 것이 엄두가 안 나서 난 일단 거절부터 했다. 그리고 내 자산인 일본 기업의 정보를 오픈하게 되는 것도 내키지 않았다. 그런데 수원시와 상공회의소의 담당자분들이 적극적으로 나오셨고 학교와 컨소시엄으로 하는 것이므로 내 실적에도 반영이 되는 것이라 어찌어찌 시작은 하게 되었지만 일본 과정을 시작하게 된 진짜 이유는 따로 있었다. 수원시 관계자 분이 일본 출장을 나와 같이 가서 기업 현황들을 보고 결정을 하자고 하셨기에 다 같이 동경으로 출장을 가게 되었다. 나는 평소에 내가 기업체 방문하듯이 하루에 3~4군데씩 미팅 일정을 잡았고 기업과의 저녁 식사까지 매일 약속을 잡아서 일본 취업현황을 자세히 알 수 있도록 있는 그대로의 모습을 보여드렸다. 다소 피곤해 하시긴 했으나 3박 4일간의 일정 동안 동행해 보시고는 귀국 후에 당장 시작하자고 하셨고 내심 안 했으면 했던 일은 정반대로 수원시와 수원상공회의소의 적극적인 지원과 대대적인 홍보를 뒷받침으로 수원 1기 모집 때는 6배 숫자의 연수 희망자들이 몰려들었다.

그런데 나는 학교 k-move 강의와 외부강의에 대학원 수업까지 겹치고 너무 과로한 탓에 결국은 유한대에서 쓰러지고 말았다. 주말에 좀 쉬었어야 했는데 쓰러지던 전 주 주말에 국가 자격증 시험 출제위원으로 나가는 바람에 더 힘들었던 모양이다. 병원에 입원해서 작은 수술도 받고 며칠 동안 링거 맞으면서 병원 신세를 지게 되었다. 일은 몇 배로 늘어나 있고 내가 주도적으로 하지 않으면 아무것도 할 수 없는 상태인데 꼼짝을 할 수가 없었다. 그러나 모집 설명회 날짜는 다가왔고 내가 설명회도 해야 하는 상황에 일본 기업들까지 잔뜩 초대해 놔서 어쩔 수 없이 퇴원을 서둘러서 하고는 퀭한 얼굴로 행사를 마쳤다. 얼른 집에 가서 쉬고 싶었으나 일본 기업들과 수원시 관계자분들 그리고 수원상공회의소 등 이 과정에 주축이 되는 모든 기관장 분들과 저녁식사 자리가 마련되어 있어서 잠시 들렸는데 무리하게 퇴원해서 설명회를 한 탓에 온몸이 떨리고 열이 불덩이처럼 나서 다시 병원으로 달려갔다. 몸이 힘들다고 신호를 보내면 빨리 쉬어줘야 하고 제때 맞춰 영양 보충도 하고 내 몸을 좀 더 아꼈어야 했는데 난 늘 일이 우선이었고 내가 맡은 책임을 100프로 완벽하게 해 놔야 한다고 여기며 살았다. 그런데 조금씩 한계가 있다는 것을 이젠 느낄 수밖에 없었다.

에필로그)

병원에 입원해서 며칠간 영양제도 맞고 느워서 계속 쉬다 보니 그렇게 편할 수가 없었다. 잠시라도 이렇게 능장을 부리며 쉬어 본 적이 언제였던가 싶었다. 그냥 나 몰라라 하고 가끔은 누워서 휴식을 취하는 것이 내가 오랫동안 일 할 수 있는 방법 중 하나라는 걸 이제야 느낀다. 어떻게든 시간이 흐르면 조금은 해결이 되어 있는데 그걸 못 참고 내가 다 나서서 하려고 했으니 병이 나지. 조금씩 내려놓는 연습을 해야겠다. 이러다 모든 걸 다 내려놓기 전에

기억하고 싶지 않은 애들

2015년 11월 말 수원의 1기생들 선발 면접 날, 아침부터 눈이 많이 내렸다. 뉴스를 보니 오늘 하루 종일 내리고 폭설이 된다는 보도가 나왔다. 지원자가 150명 이상 되는 것으로 들었는데 눈이 많이 와서 많이 안 오겠구나 생각하며 집을 나섰다. 그러나 내 예상과는 다르게 지원자 160명 정도의 인원이 한 명도 빠짐없이 면

접에 참가 했다. 더 재미있었던 것은 N1 자격증 소지자가 많이 몰린 덕에 다수의 일본어 상급자들 속에서 선발하는 행복을 잠시나마 맛볼 수 있었다. 하지만 그건 그 기수의 연수 기간 동안 며칠 되지 않았던 즐거웠던 순간 중 하루였고 선발된 일본어 상급자들의 행동들로 인해서 내가 오랫동안 해왔던 교육사업에 대한 회의감을 느낄 정도로 수업을 진행하기도 힘들었고 매번 강사들도 다독 거려야 할 정도로 심각했었다. 다시는 수원 쪽은 맡지 말아야겠다는 생각까지 갖게 되었는데 그것도 내 맘대로 되지는 않았다.

과정 자체가 일본IT 취업 과정이니까 일본어 전공자 내지는 일본어 N1 자격증 소지자가 많이 오거나 컴퓨터공학 전공자들이 꽤 오는 편이다. 그런데 이렇게까지 몰리기는 처음 있는 일이었다. 이번엔 여러 회사에서 서로 데려가겠다고 줄을 서겠구나라는 기쁜 맘을 가지고 30명 인원을 일본어 우수자 20명과 IT 전공자 10명으로 맞췄다. 그러나 그건 내 착각이었고 순간이나마 잘 하는 학생들을 데리고 있었다는 기쁨으로 만족해야만 했던 과거로 끝났다.

일어를 잘 하는 애들 중 몇 명은 일본어 수업 시간에 강사들을 우습게 보는 애도 있었고 심지어는 대놓고 다른 짓을 하는 애도 있었다. 기업체를 어랜지 해줄 때도 내가 아무리 큰 기업을 해줘도 그 기업들은 무조건 안 좋다고 의심을 하며 면접만 보고 사퇴를 해버렸다. 그리고는 박람회에 오는 기업에 대해서는 10명도 안 되는 작은 업체라 해도 내가 해주는 기업보다 너무 훌륭하다면서 지원하고 결과를 초조하게 기다렸다. 그런데 아이러니하게도 그렇게 못된 짓을 하던 애들은 결국엔 돌래 지원했던 곳으로부터 전부 탁월했고 결국엔 내가 해준 곳으로 입사를 했다. 그리고 취업서류를 안 주면서 연락을 긇어버린 애들은 어렵사리 입사한 회사에서 1년 후에 실력부족으로 쫓겨나거나 했다.

박람회처럼 전국에서 모여드는 지원자들을 평가할 때는 검증되지 않는 인원 중에서 선발해야 하기 때문에 서류전형을 반드시 실시하고 기본적인 허들을 못 넘으면 바로 탈락 처리를 한다. 그래서 면접까지 가보지도 못하고 서류에서 탈락하는 경우가 허다하다. 그리고 박람회에서 많이 떨어지는 이유는 일단 거기에 참가하는 기업들은 채용을 위해서 온다기보다는 참가하는 데 의의를 두고 한국에 홍보 차원으로 오는 기업들이 많다. 분위기 파악을 위해서 오거나 한국 지원자들의 레벨이 어느 정도인지 써치만 하러 오는 기업들이 대다수이기 때문에 당연히 붙는 애들보다는 떨어지는 애들이 훨씬 더 많을 수밖에. 아무리 그런 얘기를 해줘도 귀담아 듣지를 않는다.

몇개의 대기업들이 참가하는 것을 보고 자기 정도면 붙을 거라는 자만심에 끊임없이 지원하더니 결국엔 내가 해주는 곳으로 가겠다고 오는 애들이 몇몇 있었다. 그렇게라도 온 건 다행이었고 아예 연수 후에 잠적하거나 연락을 끊어 버리는 애들이 있었으니 기가 막힐 일이었다. 유난히 자격증이 고가였던 오라클 자격증 지원금은 다 지원받고 그 밖에 교통비 등 다른 자격증 수당까지 챙길 것 다 챙기고 내가 면접을 추천하면 계속해서 미루고 생각해 보겠다고만 하다가 수료 후 연락을 안 받는 것이다.

또 어떤 애의 경우는 졸업작품을 너무 성의 없이 제출해서 졸업이 힘들었던 상황이었는데 지도교수에게 내가 직접 전화를 해서 그 학생을 취업을 시켰으니 비자취득을 위해서는 졸업이 되야 한다고 직접 부탁까지 하며 졸업도 겨우 가능하게 했는데 막상 비자 신청을 해야 하는 상황이 되니까 그 때 부터 연락이 안 되는 것이다. 너무 화가 나서 지도교수에게 다시 연락을 해서 상황 설명을 하여 졸업을 다시 돌려놓기도 했다. 이런 말도 안 되는 일들을 하느라 에너지를 소모하고 스트레스를 받는 것이 허탈하기만 했다. 선발 면접 때 그렇게 기쁘게 뽑았던 일본어 상급자들이 여태껏 10년 넘게 이 일을 해왔지만 한 번도 보지 못했던 기이한 행동들을 하고 고삐 풀린 망아지들처럼 행동하는 것을 보며 내가 왜 이 일을 맡았을까 하며 자책하기도 했다.

보통 연수기관이나 학교로 오는 기업들은 나를 일단 믿고 오기 때문에 다소 부족한 학생들도 채용해 주는 데다가 내가 그 학생을 개런티 한다 생각하고 앞으로의 잠재성까지 고려해서 뽑으려고 협력한다. 내가 뒤에 버팀목이 되어 준다는 것이 힘이 많이 될 텐데 수원 1기 애들한테는 내가 허수아비로 보였나 보다. 내가 그만큼 신뢰를 못 줬다고 생각하고 반성하기도 했으나 착실하게 잘 따라줬던 애들한테 더 신경 써 줄 수 있었던 부분까지 엉뚱한 곳에 소모된 것이 화가 나기도 했다.

취업률은 60프로라는 정말 최악의 결과를 가져왔다. 그렇게 스펙이 다 좋은 애들만 뽑았는데도 자기 맘대로 행동하고, 겨우 취업시켜서 내보내도 연락 끊고 서류 안 주고 그러는 애들 때문에 역대 최하의 성적을 받아봤다. 수원상공회의소에서 첫 기수였고 수원시에서도 그렇게 기대를 많이 하고 홍보도 해준 첫 작품이었는데 너무 내 도리를 못 한 것 같기도 하고 창피하기도 해서 여기서 손을 떼야겠다는 생각이 들었다. 한편 몇 개월 먼저 시작하긴 했지만 12월부터 면접을 진행한 강남대 일본 과정 2기생들은 취업률 90프로의 좋은 결과가 나왔다. 오히려 더 많은 기업들을 수원에 연결 했는데도 반대의 결과가 나온 것을 보고 이 또한 경험부족과 지혜롭지 못함의 결과라 생각했다.

내가 좀 더 너그러운 마음으로 아이들을 품었어야 했다고 생각하고 자성하기는 했지만 일의 세계는 냉정한 것인데 그런 안 좋은 결과임에도 불구하고 그 상황을 덮고 같이 와준 수원 쪽 분들께 감사할 따름이다. 그래서 그다음 기수에는 45개의 기업들을 애들과 매칭 시키고 취업률 또한 최고의 기록을 안겨 드리는 것으로 보답했다.

에필로그)

기억하고 싶지 않은 기수였지만 그래도 보석 같은 혁재를 얻었다. 늘 나쁜 일만 있는 것은 아닌 것 같다. 연수과정을 진행하다 보면 매 기수마다 특히 아끼는 제자들이 생겨난다. 보통 반장 부반장들이 그런 역할들을 많이 해줬고 수료 이후에도 그 애들은 가끔이라도 찾아와서 안부를 전해주고 간다. 이 일을 일단 시작하면 매일 산적해 있는 업무량으로 허덕 거리기가 일쑤인데 그나마 비서 역할을 해주는 연수생이 한 두 명씩 있는 덕에 조금은 숨을 쉴 수가 있었다.

나 또한 그 애들한테는 각별히 대한다. 언젠가 홈쇼핑에서 김장김치 10키로를 주문해서 반장 부반장과 학교 앞에서 자취하는 연수생들에게 김치를 전부 다 나눠 주고 맛있게 먹었던 기억이 있다. 그리고 반장이나 부반장이 출국하기 전에는 꼭 우리집에 초대해서 일본식 카레를 직접 만들어 먹이고는 했는데 그 맛이 어느 카레 집보다도 맛있었다고 하는 아이들이 있다. 그래도 올

초까지는 그 전통을 유지했었는데 요즘은 못해주는 것이 미안하기도 하고 내 실력 발휘를 못하는 것이 못내 아쉽기도 하다.

　아낌없이 다 해주고 더 잘해주고 싶다. 외국에 나가서 일하려고 큰 용기 냈을 텐데 가서 아프지 말고 건강하게 지냈으면 좋겠다. 이젠 부모와 같은 마음으로 바라면서 보낸다.

12년을 돌아보며

서글픈 공적서 작업

시끄럽고 말 많던 수원의 1기 애들을 2016년 7월까지 힘들게 끌고 가고 있는 와중에 한국산업인력공단으로부터 한 통의 메일을 받았다. 해외취업 사업 공로로 대통령 표창 후보에 추천을 하겠으니 지원 의사가 있냐는 것이다. 이쪽에 12년 이상 일을 한 덕에 자격이 되기도 하지만 가장 초창기에 이 일을 시작했고 힘든 과정 다 겪으면서 많은 인원들을 보냈던 노고를 이제야 인정받는 건가 싶어서 기쁜 맘으로 신청하겠다고 답변을 보냈다. 그런데 내가 한 일이지만 정확한 숫자와 공적을 헤아리기가 어려웠다. 그래서 공단에 여태까지 내가 참여했던 실적이 혹시 있는지 문의를 해서 정리한 엑셀파일을 받았는데 내가 한 일을 보고도 그렇게 놀란 것은 처음이었다. 2004년부터 무려 1,400명의 연수실적과 그에 따른 취업 실적을 보내주었다. 2004년부터

2010년까지 정말 많은 인원을 모으고 교육 시키고 취업 시키느라고 얼마나 힘들게 영업 다니고 기업을 마케팅하고 그랬을까 하는 생각에 잠시 동안 내 스스로를 위로하느라 멍하니 앉아 있었다.

2004년부터 2008년 사이, 연수생들 모집 때문에 전국적으로 안 가본 대학이 거의 없을 정도였고 대부분 공대 교수들 위주로 소개를 받아서 방문했다. 수업 시간을 겨우 할애 받아서 설명회를 하거나 교수들에게 인재 추천을 부탁 하면서 그렇게 당일 치기로 지방 영업을 다닌 날이 수도 없이 많았다. 설명회 자료를 일일이 프린트해서 박스로 들고 강의실까지 들고 올라가는 것은 기본이고, 옛날에 지어진 건물들이 많아서 엘리베이터가 없는 곳도 태반이었다. 언젠가 한번은 엘리베이터가 없는 건물을 오르락내리락 하다가 계단에서 구른 적도 있었다. 그렇게 힘겹게 방문을 했지만 다행히 분위기 좋게 학교에서 응대라도 해주면 힘들게 다닌 보람이라도 있는 것이고 대부분 인맥으로 소개받고 갔어도 싫은 표정으로 어쩔 수 없이 만나주는 교수가 태반이었다. 학교 측은 설명회를 같이 개최하기로 했어도 나 몰라라 성의 없이 애들을 안 모아주는 학교도 꽤나 있었다. 그래서 그 시절엔 대학교수가 제일 징글징글해서 절대 이쪽 사람들하고는 친하게 지내지 말아야 했는데 내가 교수가 될 줄이야. 사람 일은 정말 모를 일이다.

그렇게 힘든 국내 모집 영업은 그것대로 서러웠던 기억들이 가슴속에 늘 쌓여 있었다. 그래서 그 엑셀파일의 인원들을 보는 순간 울컥하고 눈물이 찡한 것이 마음 속 깊은 곳에서 뜨겁게 올라왔다. 그 모집보다 더 힘들었던 일본 마케팅과 학생들 취업 시키는 일은 이루 말로 다 할 수가 없을 정도다. 사무실에 앉아서 서류 작업 하는 시간이 그나마 제일 편안했고 학생들이랑 지지고 볶고 같이 수다라도 잠시나마 떨 수 있는 시간은 나에겐 쉬는 일이었다. 늘 외근이 많다 보니 사무실로 복귀해서 야근하지 않으면 행정적인 일들을 따라 잡을 수가 없었다. 야근하는 날에는 연수생들이랑 저녁을 같이 먹곤 했는데 어느 날은 애들이 저녁밥을 맛있게 해서 소박하게 휴게실에 차려 놓고는 나를 초대해서 같이 식사를 한 일이 있었다. 그렇게 내 심금을 울리는 일이 있을 때는 기분 좋게 치킨 몇 마리와 떡볶이를 시켜서 같이 먹으며 서로를 위로했다.

이 일을 하면서 나는 늘 책임이라는 고지 위에서 늘 외로웠다. 1년에 적게는 150명 많게는 300명 정도 되는 연수생들의 취업처를 개척하고 관리해 나가야 할 때 그 마음을 어디 둘 데 없어 혼자 척박한 마음을 달래야 했었는데 그래도 나에게는 큰 짐이지만 가장 눈부신 희망이기도 한 학생들에게 조금이나마 의지하게 된다.

공적서 작업이 만만치 않았다. 12년의 세월을 전부 정리한다는 것이 보통 작업이 아니었다. 5월에 통지를 받고 거의 한달 정도를 준비해서 제출 했다. 사실 대통령 표창 후보에 낸다는 것을 학교에 얘기 안 하려고 했는데 내 소속 직장에 대한 정보를 적어 도장을 받아야 해서 할 수 없이 인사팀에 작성을 의뢰했더니 조교 시켜서 연필로 대충 적어 놓고는 찾아 가라고 했다. 나중에 안 내용이지만 다른 후보들은 소속 대학 총장에 단과대학 학장까지 전부 추천서를 써주고 그랬다는데 나는 종이 한 장에 도장 하나 받는 것도 성의 없이 그것도 조교한터 겨우 받았으니 참 뭐 이런 행정처리가 있나 기가 막혔다. 그래 상을 못 받을 수도 있으니까 그냥 조용히 넘어가자 싶었고 일일이 그런 일로 신경 쓸 여력도 사실 없었다.

일본 기업 중에 아시아정보시스템즈 사장님과 수원상공회의소의 회장님의 추천서만 받았고 나머지는 내 공적과 실력으로 승부수를 띄웠다. 어차피 내 실적이니 사실에 근거하여 자세하게 다 전부 찾아서 공적서를 만들었다. 사진도 2005년도 것부터 구해서 증빙이 될 만한 것은 전부 다 넣었다. 게다가 작년부터 해외취업 관련 NCS 프로젝트에 계속 참여하고 있었고 K-MOVE 우수 멘토상까지 받은 터라 계속해서 쌓아놓은 공적들이 꽤 많았다. 당시엔 숨 돌릴 틈도 없이 일하느라 하루하루가

벅찼었는데 이제야 조금씩 빛을 발하는 것 같았다.

한 달여 가까이 걸려서 공적서 작업을 마무리하고나서 한국산업인력공단 본부에 택배로 보내려니 복사용지 빈 박스 하나 가득 나왔다. 그동안 내가 쓴 책들이 해외취업에 관련한 책들이라 그것들도 같이 넣었고 NCS 프로젝트 완성본들과 그 외 관련 서류들을 동봉해서 보내고 나니 속 시원하게 큰 작업을 하나 마친 것 같았다. 결과는 9월에 나온다고 하니 잊어버리고 열심히 내 할 일 하고 있자 생각했고 정말 눈앞에 있는 일들과 과제들 때문에 한동안 그 일은 잊을 수밖에 없었다.

에필로그)

인생은 나 자신과 그리고 외로움과의 싸움이다. 주변에서 어떻게 생각하더라도 이겨내는 것은 결국은 혼자서 해야 하는 일이고. 그나마 한 명이라도 나를 알아주는 사람이 있으면 인생은 그래도 행복한 맘으로 도전해 볼만한 거다.

알아서 잘 자라 준 아들

하나 뿐인 아들이 고3이다. 같이 살지는 않아도 모든 교육비는 내가 다 내고 있고 입시나 진로 방향 설정도 아들이 나랑 많이 의논을 하는 돈이다. 잘 가르친다는 학원과 소문난 선생님들한테 듣고 싶은 수업들도 많은 이 시점에 능력 있는 엄마가 되게 해 주신 하나님께 감사할 따름이다. 일일이 옆에서 밥을 챙겨주거나 있어주지는 못하는 환경이지만 본인이 다녀보고 싶어 하는 학원 등은 아낌없이 지원해 주었다. 내 일하다가 놓칠 까봐서 선착순으로 지원하는 것이 있으면 새벽에 일어나서 해주고 포스트잇에 적어 놨다가 수시로 전화하거나 웹으로 확인해서라도 놓치지 않게 했다. 본인이 열심히 해주는 것이 더 중요한 거니까 내가 써포트 해주는 것은 사실 거기까지가 한계이다. 나도 박사과정을 하고 있었기 때문에 이것저것 준비하고 소논문까지 틈틈이 컨퍼런스에 내고 그러다 보면 몇 개월이 훌쩍 지나갈 때가 한두 번이 아니었다. 거기에 강남대와 수원의 두 군데 일을 하고 있다 보니 늘 체력이 바닥나 있어서 뭔지 모르게 밑으로 가라앉는다는 느낌을 받고 있었다. 그래도 정신을 바짝 차려야 했다. 지금은 긴장을 놓을 수 가 없는 진퇴양난의 상황이라서.

힘든 고3 시절에도 속 깊은 아들은 가끔 엄마를 만나면 힘든 내색하지 않고 웃으면서 얘기하려고 했다. 보통 주변에 수험생 시절이나 재수 시절에 엄마한테 엄청 스트레스를 푸는 애들이 많기도 하고 나 자신도 고3 때 엄마한테 짜증을 참 많이 냈었는데 나한테 응석을 부리지 않는 아들을 볼 때마다 마음이 짠하고 미안하다. 그래도 더 씩씩한 척했고 내가 더 잘되는 모습을 보여주면서 아들에게 롤 모델이 되고 싶었다. 사회적으로 내가 성공하는 모습들을 계속해서 보여주는 것이 일하는 엄마로서 해 줄 수 있는 최선이었다.

추석 연휴 때같이 수시전형으로 몇 개 대학에 지원하면서 입시제도에 대해 아직도 이해를 잘 못하고 있는 내 자신이 부끄러웠다. 아들보다 더 정보가 밝아야 하는데 일하고 공부하느라 아직도 감을 잘 못 잡고 있었고 이럴 때 방향을 재빠르게 틀어주질 못하니 내 스스로에게 화가 날 뿐이었다. 그래도 수시 논술 보는 날에는 새벽 5시에 일어나서 아들을 태우고 시험장까지 데려다 주고 또 데리고 오고, 끝날 때까지 기다리면서 그 날 만큼은 아들을 위해 하루 종일 기도하고 마음을 졸였다. 그렇게 여섯 개 대학의 시험이 끝나고 수능 날이 되었고 나는 학교에 수업이 있어서 강의 중간중간 쉬는 시간에 연구실에서 그날 수시 전형의 합격을 발표하는 대학 홈페이지를 열어 확인해 보느라 아침부터 가슴이 두근두근했었다. 너무도 기쁘게 합격 소식이 기다리고 있어서 보는 순간 나도 모르게 함성을 시원하게 질러 버렸다.

합격증을 출력해서 열심히 수능을 보고 있는 아들을 데리러 갔던 날 저녁의 그 낙엽 길을 지금도 잊을 수 가 없다. 그 흔한 사춘기 투정도 없이 엄마의 빈자리를 잘 이겨내 주고 엄마에게 한번도 환경에 대해서 화를 내거나 따지지도 않고 잘 자라준 것만 해도 고마운데 한 번에 대학에 입학해준 아들이 너무도 대견스럽고 한 편으론 미안해서 또 맘이 뭉클했다.

그 해 겨울 방학은 아들과 함께 시드니로 여행을 갔었고 화면으로만 보던 오페라하우스 밑에서 바다를 바라보며 시원하게 맥주를 마시며 대학 입학을 자축했다.

에필로그)

아들은 나에게 있어서 살아가는 원동력이 되어주는 존재이다. 그러나 슬프게도 성인이 되어 가면서 물리적인 거리는 조금씩 멀어져 감을 느낀다. 그래도 아들이 있어서 삶의 위로가 되고 행복하다.

대통령 표창

9월 중순 경, 학교에서 강남대 일본 취업반 3기생들의 수업을 마친 후 연구실에서 내 일들을 처리하고 있었는데 이메일과 함께 한 통의 전화가 걸려 왔다. 대통령 표창 결과에 대한 내용과 축하 전화였다. 이메일을 나중에 보니 개인 부문으로 단독 표창이었다. 크게 기대하지 않았고 바쁘게 사느라 잊어 버리고 살고 있었는데 이렇게 노고를 칭찬받으니 그동안 제대로 아플 여유도 없이 고생했던 세월에 그나마 조금이라도 위안이 되는 것 같았다. 일단 이 기쁜 소식을 부모님과 아들에게 알렸다. 엄마는 울기까지 하셨다. 하긴 내 자식이 이런 큰 상을 받으면 나도 눈물이 나올 것 같다. 아들은 고3이라 시상식장에는 못 왔지만 부모님과 강남대 일본 취업반 3기 반장 부반장과 수원상공회의소 직원이 회장님을 대신해서 축하를 해 주러 와주었다. 강남대에서는 직원한테 알렸으나 아무도 관심이 없는듯했다. 그나마 산학협력단장님이 지시하셔서 현수막은 걸어주었고 학교에서는 오가다 보는 사람이 간혹 있는 것 같기는 했으나 그렇다고 축하한다고 문자라도 보내주는 사람은 한 명도 없었다. 워낙 남의 일에 관심이 없는 조직이고 산학교수가 아무리 잘해도 칭찬하는 분위기는 아니라지만 이렇게 큰 상을 받았는데 정말 냉담하고 무관심했다. 단 한 분, 지금은 은퇴하신 예전 부총장님만이 축하 한다고 점심을 사주시면서 노고를 치하 해 주셨다.

근 한 달 동안 심혈을 기울여서 쓴 공적서는 공단측으로부터 훌륭하게 작성했다는 말을 들었다. 많은 증빙자료들과 저서들 그리고 해외취업관련 행사에 멘토로서 많은 참여를 했던 공헌들이 종합적으로 좋은 이미지를 주었을 것 같다. 실적 면에서도 단연 선두였겠지만 12년이라는 세월 동안 오래 했다는 것에 더 큰 박수를 받고 싶다. 한 사람 한 사람 지속적으로 관리하고 준비시켜서 취업을 시키고, 일본에 내보내고 나서도 한동안은 계속해서 연락하면서 돌봐줘야 하는 것들이 보통 신경을 써야 하는 일이 아니다.

내가 아무리 개인적인 시간까지 전부 희생 한다고 하지만 이 일로 지나친 스트레스를 받는 것은 이제 원치 않는다. 오랫동안 하려면 건강도 뒷받침 되어야 하는데 너무 견디기 어려울 정도로 하다 보면 손을 떼고 싶어지기 때문에 적정한 선에서 이 일을 즐기고 싶다. 사실 그동안 정말 숨돌릴 틈 없이 바쁜 와중이었지만 공단에서 외부 행사가 있으면 두 말 않고 해외취업에 관한 많은 활동에 내 재능을 기부하고자 했다. 단순히 아이들을 취업알선만 하고 사후 책임을 지지 않는 몇몇 에이전트들로 인해서 나쁜 이미지를 갖고 있는 사람들도 있어서 그런 젊은이들에게 조금이나마 내 경험에서 얻은 것들을 전하고 공유하면서 밝은 비전을 갖도록 도와주고 싶었다.

사실 이 해외취업 과정을 2004년도부터 시작해 오면서 중간에 시련들도 많았고 2008년의 리먼쇼크로 인해서 일본의 경기가 곤두박질 칠 때 그동안 채용해 왔던 기업들이 도산하는 것도 봐왔다. 당연히 취업률이 50프로도 안 돼서 연수기관과 공단과의 소송이 주변에 발생하는 것도 들었고 그런 사건들로 인해서 어렵게 사업을 꾸려 나가던 기관 대표들은 집까지 담보 잡혀서 연수비 등을 환불해주는 사태도 비일비재로 벌어졌다. 그런 국제적 시장의 악화와 여파들은 몇 년 동안 이어졌고 한 동안 공단에서도 몇 개 기관만 사업승인을 해주고 일본 쪽은 거의 문을 닫은 상태로 조용했던 시절도 있었다.

 꽤 많은 연수생들이 연수과정을 신청해서 몇 개의 기수들이 수업을 받고 있는데 만약에 약정한 취업률을 못 채운다면 자금적인 압박과 학생들의 원성, 그리고 향후는 사업의 미승인 등의 이런 악순환이 계속된다. 그런 리스크에 대한 책임을 감수할 수 있어야 하고 모든 것이 잘 돌아 갈 수 있도록 취업을 반드시 성사 시킬 수 있는 능력 있는 담당자가 있어야 하며 공단에 제출해야 하는 서류를 완벽하게 받기 위해서 아이들과 회사를 움직일 수 있어야 한다. 지속적으로 학생들을 신경 쓰지 않으면 정말 어디서 누수가 날 지 모르는 힘든 사업이다. 정부사업이라고 돈만 생각하고 덤벼드는 사업자나 단순히 실적을 위해서 자세히 알아보지도 않고 뛰어드는 학교들이 있는데 거의 대부분이 1~2회 하고는 두 손 두 발 다 들고 못한다고 하거나 담당자가 병이 나서 잠시 못하게 되거나 강사와 원장과의 불협화음으로 수업을 못하게 된다거나 하는 정말 다양한 부작용이 발생한다. 그런데 나는 단 한 번도 그런 부작용 없이 내가 전부 다 끌어안고 해왔다. 혹시라도 강사들이 문제를 일으키고 안 한다고 하면 IT든 일본어든 다 할 수 있는 능력을 키워놨고 학생들이 불만이 안 생기도록 취업은 일단 100프로로 다 시켜놨다. 한두 명은 사라지거나 잠적을 한다 해도 특별히 취업률에 영향을 끼치지 않게 했다. 하지만 그렇게 안전장치를 해 놔도 지금 세대들의 성향은 막을 수가 없다.

　요즘은 아이들이 예전 세대들과 비교해보건 대체적으로 참을성과 책임감이 많이 결여되어 있다. 중도 탈락률도 많고 회사에 가서도 너무도 이유 같지 않은 이유로 금세 회사를 나와 버린다. 물건 시킨 후 단순 변심으로 취소 해 버리듯이 개념 없이 행동하는 학생들도 많아졌다. 그야말로 내 능력 밖의 일로 전체적인 결과를 흔들어 놓는다. 비단 내가 담당하는 연수기관만 그런 것이 아니라 다른 곳도 다들 비슷하다고 하는데 취업이라는 것을 정말 원하는 것 같지만 힘든 것은 못 참는다. 쉽게 포기하고 조금이라도 맘에 안 들면 바로 관둬 버린다.

　그래서 이 표창은 지금까지 지나온 긴 세월 동안 하나하나 일궈놓은 12년간의 힘든 과정들에 대해서 고생했다며 칭찬받은 느낌이었고 위로받은 기분이었다. 난 이 일이 좋다. 애들한테 상처를 받는 일이 매년 있지만 그래도 애정을 쏟으며 잘 하다 보면 좋은 결과들이 더 많아서 그런 순간에 아이들과 기뻐할 때의 기분으로 지금까지 견뎌 왔다. 앞으로도 이 일이 없어지지 않는 한 계속할 생각이다.

에필로그)

해외취업 과정을 오랫동안 이끌어 오면서 참 많은 커플들을 봐 왔다. 그중에 결혼을 해서 가족을 이루어 잘 살고 있는 커플들도 있고 여러 가지의 복잡다단한 사연들을 가지고 헤어진 커플들도 있다.

또는 일본에 가서 일본 여성과 결혼해서 잘 살고 있는 제자들도 몇몇 있다. 이렇게 취업과 결혼이 동시에 해결된 사람들이 이 과정의 제일 수혜자가 아닐까 싶다.

일과 책들

해외취업 토크 콘서트

2017년도는 유난히도 외부 행사가 많았던 해다. K-MOVE 행사에서의 멘토링뿐만 아니라 특강이나 강연들도 간간이 섭외가 들어왔다. 코엑스에서 해외취업 박람회를 하게 되면 언제나 멘토링을 해달라고 의뢰해 왔고 대학에서 나라별로 진행하는 해외취업행사 요청에도 가끔 연락이 와서 참여하곤 했다. 그리고 현재 K-MOVE를 진행하는 대학에서 조차도 나를 초빙해서 강연을 해달라고도 했다. 그런데 그중 가장 기억에 남는 것이 있다면 호암아트홀에서 했던 해외취업 토크 콘서트란 프로그램이었다. 한국산업인력공단이 주관하고 JTBC에서 행사 진행 및 생방송 녹화를 해서 방송에 내보내는 것이었고, 정해진 사전 시나리오 없이 즉석에서 내 머릿속에 있는 것들을 단 한 번의 실수도 없이 강연해야 해서 다른 때보다는 좀 더 긴장이 되긴 했다. 대기실에서부터 인터뷰 녹화를 하고 어느 정도 마음을 가다듬은 후 바로 무대로 올랐다. 수원과 강남대의 제자들도 응원하러 와 주었고 공단에서도 꽤 많이 오신 것 같았다. 특히나 그 날은 아들이 행사장에 와 주었다. 아들이 공식적인 자리에서 엄마가 강연하는 것은 처음 보는 날이어서 조금 더 신경이 쓰였다.

나는 일단 마이크를 잡으면 그동안의 경험이라는 지식을 바탕으로 쉴 틈 없이 얘기가 쏟아져 나온다. 내가 일하는 분야 만큼은 어느 누구보다도 똑 부러지게 얘기할 자신이 있다. 그날은 시간이 조금 모자라서 늘 강연하던 내용의 반 정도 밖에 전달을 못한 것이 못내 아쉬웠지만 성공적으로 실수 없이 잘 마쳤다. 무대 밖으로 찾아온 아들이 엄지손가락을 들어 올려주며 인정해 주었다. 아들에게 인정을 받으니 외부 사람들에게 인정받는 것하고는 또 다른 기쁨이었다. 누군가에게 인정받고 나를 찾아주는 사람들로 인해서 느끼는 보람 때문에 아무리 힘들어도 자신이 하고 있는 일들을 놓지 못하고 있는 것이 아닐까.

대학 강의를 본격적으로 한 세월이 7년 정도 되간다. 그전 까지는 소소하게 설명회 정도 였거나 아님 대학을 바로 졸업 하고 중학교 교단에 섰을 때였다. 고맙게도 강남대학교에 들어온 후로 많은 강의들을 섭외 받았다. 요즘엔 외부 강의를 나가면 항상 내가 쓴 책을 가져가서 질문을 했거나 집중해서 들어줬던 주곤 한다. 내가 베풀 수 있는 것들이 비록 작고 보잘 것 없지만 다른 사람들에게 기부할 수 있는 것은 경험을 공유하고 그것에 관해 쓴 책들을 읽어 보라고 선물하는 정도이다. 그래도 마음은 훈훈해진다. 아직은 필력이 여러모로 부족하고 화려한 미사여구로 일필휘지할 실력이 안되지만 나처럼 열심히 노력하는 사람들에게 조금씩 성실한 삶의 흔적들을 남겨 놓는 것, 그것이 나로 하여금 책을 쓰게 만드는 이유이기도 하다.

에필로그)

2004년 봄 어느 날, 한국산업인력공단 본부 대강당에서는 일본 취업과정을 처음 선발하는 설명회가 있었다. 그 자리에는 내가 소속해 있었던 중앙일보 계열사와 경쟁업체인 조선일보 측 계열사 그리고 연수 지원 희망자들이 와서 기다리고 있었다. 그 자리에서 일본 취업 쪽 설명을 듣고 중앙으로 선택할 것인지 조선으로 선택할 것인지를 결정하는 자리였다. 지금 생각하면 좀 우스운 광경이지만 정부지원하에 시작하는 최초의 일본취업 과정이었고 공정성을 갖게 하는 취지 하에 모두가 모인 자리에서 결정하자는 분위기였던 것 같다. 더군다나 두 군데 다 언론사였기 때문에 기자들도 와서 대기하고 있었다. 사실 언론사라는 특성 때문에 그 이후로도 모집에 많은 이득을 보기도 했고 기사에도 많이 나왔었다. 일본에 출장가서 대사관이나 노동부 주관의 한국 인력 채용 관련 행사에 참여하게 되면 그 현지에 있는 중앙일보 특파원 기자들을 만나서 기사화 하는 내용들을 의논하기도 했었다.

나는 단지 일본어를 할 줄 안다는 이유로 일본사업을 시작하는 계열사에 발령을 받았고 며칠 되지도 않은 상태에서 설명회를 하라는 지시를 받았는데 일본취업 과정 자체에 대한 이해도도 전혀 없는 데다가 용어는 처음 들어보는 IT 용어로 가득했다. 그래도 회사에서 하라고 하니 달달 외워서 어찌어찌 그 시간을 잘 모면은 한 것 같다. 그렇게 어리바리하게 덜덜 떨면서 하던 일개 여직원이 이젠 그 어느 자리에서도 한번 마이크를 잡으면 청산유수로 쭉 뽑아낼 수 있는 저력을 가지게 되었다. 그 미숙했던 시절에 같이 했던 연수생들과 직원들은 지금쯤 뭐하고 있을까? 그 직원들 중 일부는 아직도 이 사업을 어디선가 하는 것 같은데… 지나가는 세월 속에서 다같이 조금씩 잊혀지고 있겠지만 참 그때는 젊었었고 열정적이어서 서로에게 상처를 많이 줬던 때 도 있었다. 여러모로 부족했지만 푸르렀던 그 시절이 지금은 너무도 예쁘게 그려진다.

오랜만에 만난 옛 제자

학교에서 k-move 4기생들의 취업 준비로 정신 없이 일본기업들을 어랜지 하느라 바쁜 어느 하루였다. 갑자기 톡으로 말을 걸어 온 낯선 메시지가 있었는데 혹시 중앙 출신 정재봉을 아느냐는 것이다. 너무도 오랜만에 들어본 이름이었다. 2004년에 중앙일보 계열사에서 처음 일본 취업과정을 할 때 1기생으로 일본에 취업을 시키고 내보냈던 제자의 이름이었다. 설레는 맘으로 물론 안다고 했고 메신저로 말을 걸어온 그 분한테 간략한 인사와 함께 안부를 물었는데 그 직원분이 일하는 회사에서 같이 근무한다는 것이다. 거의 13년 만에 근황을 들은 것도 놀라웠지만 처음에 입사한 회사에서 아직까지 일하고 있다는 것에 한 번 더 놀랐다. 어쨌거나 반가운 마음에 바로 연결을 하여 통화를 했고 그 이후 한국에 출장 온 재봉이를 만나게 되었다. 그 이후로 지금까지 강남대와 수원상공회의소의 제자들을 채용시키면서 여러 일들을 함께 하고 있다. 긴 세월 동안 만나지 않았는데도 왜 바로 엊그제 만났던 것 처럼 익숙하고 금세 친해지는 것일까? 아마도 옛사람들은 언제 봐도 바로 가까워지는 건 함께 고생했던 순간들이 있었기에 그런 것이지 싶다.

재봉이를 만나기 전에도 몇 몇 제자들이 채용에 도움을 준 적이 있다. 일본에서 10년 이상 근무하면서 줄 있어준 것 만으로도 기쁜 일인데 가끔씩 채용 관련해서 크고 작은 일들에 나서서 도와주기까지 해주니 고마울 따름이다. 지금의 제자들은 예전의 제자를 보고 일본 생활과 업무에 대한 신뢰를 갖게 되고 내가 굳이 부연 설명을 하지 않아도 그 사람 자체가 본보기가 된다. 자신의 커리어패스를 가늠해 볼 수 있어서인지 특별히 생각해 놓은 회사가 없는 상태인 아이들은 그 제자가 온 회사로 지원을 하곤 한다.

요즘 내보내고 있는 제자들은 과연 10년이 지난 후에도 일본에서 계속 일하고 있을까? 저마다의 사연을 가지고 일본을 가는 친구들이 있기 때문에 그중에 현지 생활과 업무환경이 맞는다면 오래 있는 사람이 있겠지만 예전 제자들처럼 긴 기간 근무하면서 나와 함께 일을 할 수 있을지는 잘 모르겠다. 지금의 아이들은 내 품을 떠남과 동시에 연락을 거의 안 하니까 말이다.

내가 학생들을 주로 보내는 회사들의 인사 담당자들이 이젠 어느새 제자들로 바뀌어 가고 있다. 재봉이처럼 회사에서 중역인 본부장급인 친구도 있지만 입사한 지 2~3년 정도 된 제자들도 간혹 회사 설명회를 하러 오기도 하고 직접 채용에 참여하기도 한다. 사실 그럴 때가 제일 흐뭇하고 일도 쉬워진다.

그래서 평소에 속상한 일이 있어도 묵묵히 할 수 있는 것은 가끔씩 찾아오는 행복감이 더 크기 때문이고 그것이 이 일의 묘미가 아닐까 생각한다.

에필로그)

겨울 출장은 우난히도 짐이 무겁다. 일본이 우리나라보다 따뜻하다고 해도 호텔에서 잘 때는 침대 안쪽이 차가워서 바로 잠들기가 쉽지 않다. 그래서 미니 전기요를 갖고 다니기 시작했다. 하루 종일 외부에 다닌 탓에 발이 얼음처럼 차가워질 때 도 있고 허리가 좀 안 좋을 때 도 있는데 그럴 때 는 자기 전에 뜨끈뜨끈한 전기요가 그렇게도 요긴하게 쓰일 수 가 없다. 취업해서 나가는 학생들한테도 내가 늘 필수품으로 챙기라고 하는 물건 중 하나가 전기 매트다. 물론 일본도 많은 전기요 제품들이 있지만 거기 것보다는 우리나라 제품이 허리 지지는 데는 최고다.

연수 기간 중에 나를 많이 도와줬던 반장이나 부반장이 출국할 때 는 나도 뭐라도 한 가지 해서 보내고자 한다. 일본 가면 가장 생각 날 만한 라면 종류부터 간식거리들이나 전기담요 같은 것들을 박스 포장해서 우편으로 보내곤 했다. 여름에 출장 갈 때는 시중에 판매되는 즉석 냉면 종류들을 잔뜩 케리어 안에 넣어서 간다. 그렇게 열심히 싸서 나르고 보내줘도 맘 한구석이 텅 빈 것처럼 한동안 너무 허전하다.

또 두 권의 출판

나는 내가 책 쓰는 걸 그리도 좋아하는 줄 몰랐다. 물론 책 읽는 것은 어렸을 적부터 좋아했고 청소년 시절엔 늘 학교에서 다독상을 매년 탈 정도로 독서에 대한 열망이 가득했다. 지금 생각해 보면 독서보다는 더 많았던 것은 아닌가 싶다. 어쨌거나 책 보는 것을 좋아한다고 해서 책 쓰는 것과 연결되지는 않는다. 과거에는 책을 쓴다는 것은 엄두도 못 냈고 그럴 여유가 없다고 생각하면서 살았다. 짧은 체험 후기 정도야 누구나 쓰겠지만 책 한 권 정도의 분량을 쓴다는 것은 정말 어려운 일이다.

생각해보니 대학교 1학년 때 부터 근 10년 동안 논술과 국어 과외를 했었다. 대학 4년 내내 국영수를 가르치는 과외를 하다 보니 국어 논술 과외는 기본으로 해줬었고, 졸업 후에도 중간중간 직업이 없을 때에도 늘 과외를 꾸준히 해왔다. 중국에서 공부할 때 도 같은 동네에 사는 한국 주재원 자녀들 중 한국 대학의 특례입학을 준비하는 고3 애들에게 국어, 고전문학, 현대문학, 논술을 5년간 가르쳤다. 지금 생각해보면 꾸준하게 책 쓰는 일과 가느다란 인연의 끈이 있긴 있었다.

처음으로 책을 같이 쓰자고 제안을 받게 되어 집필했던 때가 생각이 난다. 3명에서 공저로 작업하는데도 내가 맡은 분량이 금세 채워지지가 않았다. 마치 논문 쓸 때 다른 사람들의 논문들을 읽어보고 참고문헌으로 하면서 다른 각도에서 바라보는 내용을 쓰듯이 처음인 정말 많은 책들을 쌓아놓고 읽어가며 트렌드를 파악하기도 하고 다른 책의 내용들과 겹치지 않게 써야 한다고 생각 하면서 창의적인 부분을 만들어 내고자 정성을 많이 들였다. 낮에는 학고 강의에 기타 서류작업에 여러 사람들과의 회의 등 오롯이 책에 집중할 수 있는 시간이 없기 때문에 또 밤에 잠을 줄일 수 밖에 없었다. 매일 새벽 3시면 일어나서 책상 앞에 앉았다. 어떤 날은 마치 신들린 듯이 쭉 진도를 뺄 때도 있었고 어떤 날은 한 글자도 떠오르지가 않아서 한 줄도 못 쓸 때도 있었다. 그런 날에도 같은 시간에 책상 앞에 앉아서 책이라도 읽었다.

사실 그전에 공저로 이름을 올렸던 첫 번째 책은 기초의료 실용중국어라는 교재였다. 삼육 보건대학에서 의료 중국어 강의를 하게 되면서 그 대학교수님들이 작업을 거의 다 해 놓으신 것에 숟가락만 얹게 되었다. 시중에 출판은 제대로 하지 않은 듯 하나 교내 강의용으로는 조금씩 팔리나 보다. 가끔씩 잊을 만하면 인세가 들어오는 것을 보면. 간혹 그 책을 보는 학생들이 있긴 있는 것 같은데 세상에 제대로 나오지도 못하고 있어서 아쉬운 책이다.

그 이후로 세 명이 공저를 한 '까칠한 3인의 멘토가 말하는 취업' 이라는 책은 틈틈이 공부를 많이 하면서 쓴 책이다. 자기 계발서는 단순히 에세이 형태로 할 수 없는 파트라서 취업에 관한 많은 책들을 읽어보고 나름대로 연구를 해서 냈는데 대중의 인기는 거의 없는 것 같다. 정말 실력 있는 작가들이 쓴 책이나 내용이 너무 훌륭한 책이라도 대형 출판사들의 마케팅이나 유명인이 쓴 책에 밀리는 것이 출판업계의 현실이라서 씁쓸하기도 하지만 그래도 내가 책 쓰는 것에 대한 두려움을 없애 주는데 발판을 마련해 준 고마운 책이기도 하고 단독저서를 쓸 수 있게 용기를 준 책이기도 하다. 이렇게 나의 데뷔 무대를 마련해 준 첫 도서들은 지인들만 알면서 기뻐했고 그 사람들과 자축 하면서 가슴속에 묻어 두었다. 서점 어느 구석에서 조용히 자고 있는 내 보물들을 뒤로한 채 나는 또 세상 사람들이 알아주지 않을 무명의 책을 내기 위해 지금 이 순간도 열심히 키보드를 두들기고 있다.

내 인생이 다하는 날까지 열 권의 집필을 목표로 하고 있다. 제대로 된 에세이를 한 편 써 보는 것과 소설 한 권을 내 보는 것이 중장기적인 계획이기도 하고 꿈이기도 하다. 내 의지대로 움직이고 정신만 또렷 하다면 계속해서 그 꿈에 도전해 보고 싶다.

2017년은 특별히 책을 두 권이나 출판 한 년도이다. 일하면서 거기에 박사과정 마무리까지 해가며 정말 잠이 매일 부족해서 허덕거릴 때가 한 두 번이 아니었는데 어떻게 그 1년을 버텼는지 지금 생각해봐도 몸서리가 쳐질 정도로 힘든 한 해였다. 그래도 일적으로 단 한번도 누수도 난 적 없이 좋은 성과를 냈고 외부에서는 더 많은 칭찬을 받았으며 강연과 특강 등의 요청이 가장 많았던 시기였다.

  오래전부터 기획했던 판매 중국어의 마무리 작업을 연초에 하고 있었다. 시작한 지는 1년 정도가 지났는테 중간에 잠시 홀딩됐다가 봄에 출판을 하는 쪽으로 얘기가 나와서 내가 맡은 부분을 마무리하느라 그 일에 집중해야 했다. 물리적인 시간이 너무 없었다. 겨울방학엔 강남대와 수원 두 군데 수업을 진행하면서 일본 출장까지 가야 하는 상황이고 강남대 학생들을 취업 시키는 작업도 같이 하고 있으니 저녁에 집에 가면 온몸이 녹초가 되었다. 언젠가 한 번은 책의 밀린 작업들을 들고 출장길에 나선 적이 있었다. 비행기 탑승 전까지 내 노트북은 타닥타닥 소리를 내며 정신이 없었고 기내에서도 그렇고 일본에 가서도 그렇고 짬 날 때마다 작업을 했다. 다행히도 중국어 교재 중 문제 내는 파트라서 미리 내가 뽑아 놓은 문제들을 파일 작업 하는 것들이라 시간을 쪼개서라도 조금씩 할 수가 있었다. 물론 중국어로 쳐야 하므로 또 다른 영역의 뇌를 가동 시켜야 겠지만서도.

  책을 쓰는 작업도 시간과 집중력을 필요로 하지만 수정작업 또한 만만치 않다. 처음부터 끝까지 꼼꼼히 읽어보면서 문맥상 맞지 않는 것들과 철자법을 고쳐야 한다. 난 처음에 그런 작업은 다른 별도의 직원이 하는 줄 알았는데 문맥의 흐름상 맞지 않게 되어 있는 것들은 작가 본인이 직접 해야지 다른 사람이 건드릴 수 있는 부분이 아님을 알았다. 그런데 그 작업이 처음에 원고 쓰는 작업 시간 만큼 들었다. 읽다 보면 맘에 안 드는 부분을 고쳐서 새로운 파트가 나오기도 하고 몇 개월 전에 글 쓸 때는 생각 안 났던 내용이 뒤늦게 떠 오를 때가 있기 때문에 이 작업 또한 단순 수정작업이 아닌 또 하나의 챕터가 나오는 일이었다. 그렇게 심혈을 기울여서 몇 개월간 그 책 내용을 머리와 마음속에 지니고 있다가 최종적으로 넘기고 나면 시원섭섭한 기분이 들어서 그 날 저녁은 맥주라도 한잔하지 않으면 그 허전함을 달랠 수가 없다. 마치 작품이 끝나고 나서 오는 공허감을 배우가 허탈하게 느끼는 것 처럼.

중국어 교재는 다행히도 출판사의 담당 직원들이 중국어를 잘하기 때문에 검수도 같이하면서 틀린 부분을 체크해서 보내 줬다. 그리고 출판사에서 원하는 방향성을 제시하기 때문에 그 부분은 좀 수월한 편이다. 워낙 중국어 쪽으로는 유명한 출판사와 학원이기 때문에 영업을 별도로 하는 팀들이 있어서 국내의 몇몇 대학의 중국어과에서는 내가 쓴 교재로 수업을 이미 하고 있을 것이다. 생각만 해도 기분 좋은 일이다. 내가 시간만 된다면 직접 강의도 하고 싶지만, 나중에 K-MOVE를 못하게 되고 여유가 좀 생길 때 그 교재로 수업하러 다니고 싶어서 아껴 놓기로 했다.

여러 번의 수정과 첨삭을 거친 원고를 출판사에 넘기고 한 달 정도를 기다리니 드디어 판매 중국어 책이 출판되었다. 어학교재는 MP3 작업이 추가되기 때문에 시간이 좀 더 걸리는 편이다. 책이 출판되는 날은 책을 빨리 받아보고 싶어서 안달이 난다. 얼마나 예쁘게 잘 나왔을까 싶기도 하고 그동안 고생했던 나날들이 따끈따끈한 책 속에 녹아서 빛을 발하는 것 같다. 아무튼 그 날은 책을 제일 먼저 받아보고 싶어서 하루 종일 책 오기만을 기다린다. 증정으로 집에서 받는 것도 황홀하지만 일부러 나는 아들과 주말에 시내의 한 서점에 가서 책을 들고 인증샷을 찍었다. 눈 빠지게 기다리던 책이란 녀석은 주황색의 멋지고 늠름한 표지를 입고 서점에서 나를 기다리고 있었고 나는 그 녀석을 발견 하자마자 냄새를 맡으며 행복에 겨워하며 그렇게 만남의 기쁨을 만끽했다.

중국어 책이 5월에 나오고 나서 한 달 정도 있다가 나는 바로 일본어 책을 한 권 또 기획했다. 왜 그렇게까지 무리를 했는지 아무리 생각해봐도 내가 뭔가에 씌었었던 것이 아닌가 싶다. 일은 또 일을 부른다고 했던가 중국어책을 쓰다 보니 일본어 교재에 대한 아이디어가 이것 저것 떠올랐다. 오랫동안 해 온 이 일을 정리할 수 있는 전문 교재를 만들어 보고 싶었다. 이번엔 일본 취업 베테랑이란 제목으로 IT 기업 전문 견접 일본어와 실제로 면접에 쓰였던 강남대 학생들과 수원 학생들의 시나리오를 넣었고 기업을 몇 군데 선정해서 회사에 대한 소개와 대표자의 인터뷰를 일어와 한국어로 구성하였다. 일본IT 취업의 현황과 전망, 처우 조건 등 그야말로 똑 부러지는 전문교재로서 일본IT 취업을 위한 준비는 이 책 하나면 충분히 할 수 있도록 전체 내용을 기획하고 준비했다. 그동안 2014년부터 같이 학생들을 가르쳐온 선생님 두 분과 현재 일본에서 근무중인 혁재와 함께 4개월 정도 작업하고 수정작업을 거쳐서 11월에 또 한 권의 책이 나오게 했다. 내가 뭔가에 홀리지 않고서야 있을 수 없는 일이다. 제정신에 이렇게까지 추진할 수는 없는 건데 왜 그랬을까 지금 생각하면 내 몸을 아끼지 않고 너무 무리하게 과로한 내 자신이 정말 밉다. 그래도 한편으로는 한결같은 성실함으로 어디에 견줄 데가 없을 만큼 노력하는 나를 칭찬해 주고 싶다.

기업들의 인터뷰와 제자들의 인터뷰들, 그리고 IT 전문용어들을 정리는 작업들 등 세세하게 할 것들이 꽤나 많았다. 다행히도 수원에서 연수 중이었던 2기생들이 많이 도와주고 협조해줘서 책이 예쁘게 완성되어 갔고 일본어 감수 및 오타 검열 등은 선생님들이 꼼꼼히 봐주셨다. 수업은 수업대로 하면서 취업도 시켜야하고 거기에 책까지 쓰는 것이 벅차고도 숨이 차는 일이었지만 이 분야에서 최고를 유지하기 위한 방법 중 가장 고급스러운 전략이란 생각이 들어서 완수를 하고야 말았다.

주변 반응은 지금까지도 뜨겁다. 나 또한 자랑스럽고. 가끔 한국산업인력공단에서 진행하는 행사들이 있을 때는 몇 권씩 가져가서 학생들에게 나눠주기도 하고 진행하는 직원들에게 드리기도 한다. 내 분야의 가장 적합하고도 지원자들이 알고 싶어 하는 내용들만 들어 있다는 자부심을 책 한 권으로 집약해서 보여 줄 수 있다는 것이 마냥 즐겁고도 행복하다. 욕심내서 무리하느라 몸은 상했으나 이쪽 분야에선 전무후무한 책이라서 어디에서든 자랑하면서 내놓는다. 마치 이것 저것 돌보면서 키워왔던 자식처럼.

책 작업과 함께 박사과정 막바지 논문 작업 때문에 잠을 제대로 못 자면서 2학기를 지냈다. 일주일에 두 번 있는 강남대학교의 k-move 강의 외에는 온전히 논문작업과 디펜스 준비에 올인했다. 사실 이렇게 바쁠 것을 예상해서 일본 취업 베테랑 교재 작업은 여름에 이미 다 끝냈었고 한 학기는 논문작업에 몰두하기로 계획 했었다. 11월 초에 있었던 디펜스를 하면서 나도 모르게 살이 많이 빠졌었고 스트레스도 많이 받았었다. 그래도 모든 작업들이 완전히 끝날 때까지는 정신줄을 놓지 않으려고 이를 악물었는데 내가 뭘 위해서 이렇게 눈물 나도록 힘든 것일까 하는 생각이 하루에도 몇 번씩 들었다. 그래서 디펜스라도 연기하고 좀 쉬고 싶어서 지도교수님께 말씀드렸으나 하는 김에 쭉 해야지 쉬게 되면 더 못하게 되고 포기하게 된다는 말씀에 다시 힘을 내긴 했으나 50이 다 되가는 나이에 너무 여러 가지 일을 동시에 하다 보니 체력이 따라 주질 않았다. 지금 또다시 그렇게 하라면 난 아마 천금을 줘도 못 한다 할 것이다.

그래도 우여곡절 끝에 겨우 디펜스를 통과했다. 나이 많은 제자가 안쓰러워서 많이 봐주신 거라 생각한다. 물론 그 뒤로도 할 것들이 더 남아 있었지만 가장 큰 관문을 통과했기 때문에 한동안은 두 발 뻗고 자도 되긴 했다. 몇 개월 동안 매일 오후 5시면 혼자 동네 운동장을 돌았다. 가장 힘든 때 일수록 마음을 강하게 잡고 싶어서 아무 생각 없이 조용한 음악을 들으며 10바퀴를 매일 돌고 집으로 돌아갔다. 하지만 이 또한 나와의 약속을 매일 지켜나가는 외로움과의 싸움이기도 했다. 결국 혼자서 해내지 않으면 안 되는 것들을 계속해내다 보니 홀로 있는 것에 익숙해져 있는 내가 되었다.

정말 지독히 힘들고도 긴 한 해였다.

에필로그)

책 쓰는 일은 나에겐 아픈 것을 잊게 해주는 작업이다. 그리고 우울한 마음을 없애주는 처방전 없는 치료제 이기도 하다. 날 찾는 전화 한 통 없는 날에도 글을 쓰고 있으면 외롭지가 않다. 나는 훌륭한 저술가는 아니지만 힘닿는 날까지 오랫동안 글을 쓰고 싶다.

훗날에 오늘을 생각하며 글을 쓰려면 오늘도 내가 한 일들을 예쁘게 맘속에 저장하고 멋있게 살아야겠다. 오늘은 어제 내가 그렇게 기대했던 내일이니까.

삶의 훈장들

박사학위 받던 날

 겨울방학이 시작되기 전에 수원상공회의소의 일본취업과정 3기가 시작 되었다. 강남대와 수원의 수업을 진행하면서 겨울을 난지도 4년째 들어선다. 방학 동안 알차게 벌면서 지내는 것은 기분 좋은 일이지만 하루도 쉬지 못하고 방학 때 일만 하면서 보내는 동안 정기적으로 검진 받는 것들을 많이 놓쳤다.
 이번 수원 3기의 반장과 부반장을 유난히 잘 뽑은 것 같다. 학교에서 조교를 하다가 온 한솔이는 나의 수족처럼 조금도 부족함 없이 옆에서 써포트를 기가 막히게 잘해주었고 반장인 승훈이는 개발자 6년 경력자여서인지 못하는 것 없이 뭐든 척척 해낸다. 거의 서브 강사 수준으로 아이들의 가려운 부분을 잘 긁어 주었다. 부반장 정호는 IT를 참 잘하고 센스가 있는 아이다. 아직 어려서 톡톡 튀는 면도 있지만 반 분위기를 잘 파악해서 나에게 귀

띔 해 준다. 이렇게 조화롭게 나와 일을 잘 해주면 연수기간 내내 신이 난다. 이 과정은 하면 할 수록 일 자체 보다는 인간관계를 세련되게 해결하는 지혜와 향 후 전개될 미래를 예측하는 촉이 크게 한몫함을 점점 더 느낀다.

2018년 2월에 박사학위 졸업식이 있었다. 석사 때는 그래도 나름대로 신경 쓰고 가서 사진 찍는 것도 예쁘게 나오게 하려고 정장에 구두까지 신고 갔었는데 박사 때는 그 전날 입었던 옷 그대로 입고 가고 얼굴은 피곤에 절어서 눈 밑이 퀭한 모습을 하고 갔다. 졸업식이 중요하다고 생각할 여유도 없었고 기운도 없었다. 낮에는 매일 8시간씩 수업을 했고 집에 오면 밤 늦게까지 마지막 학위논문 제출의 몇 차례 수정작업과 표절 심사 작업 등 여러 행정 절차까지 마무리해야 했다. 수원의 과정이 시작되면 겨울방학에는 마치 수험생처럼 집에서 8시에 나가서 집에 7시 넘어서 돌아오고, 밥 먹고 씻고 책상 앞에 앉아서 논문 정리하다 보면 밤 12시가 넘는다. 매일 그런 생활을 하다가 졸업식을 위해 하루 수업을 빼서 갔으니 외모에 신경 쓸 시간이 아예 없었다. 아무리 피곤해도 자기관리에 철저했던 나였는데 박사과정 마지막 1년 만큼은 정말 그 어떤 것 도 내 자신을 위해서 투자할 여력도 생각도 없었다. 그 전엔 항상 치마를 즐겨 입었었는데 그 기간에는 매일 바지만 입고 다녔었고 같은 베낭을 1년동안 메고 다녔다. 일부러 그런 것은 아니지만 늘 보던 자료들을 넣어 가지고 다니던 걸 다른데 넣는 것 도 귀찮았고 혹시나 분실이라도 할까봐서 손에 익은 가방이 편했던 것 같다.

식이 다 끝나고 지도교수님을 만나 뵈러 연구실에 갔는데 교수님이 공로패를 준비해서 주시는 것이 아닌가. 그 순간 그동안 참았던 눈물이 펑펑 쏟아지는 것이다. 석사 때부터 5년간 부족한 제자를 그래도 많이 봐주시고 도와주셔서 늘 송구한 마음이 있는데 생각지도 못한 선물을 받으니 여태까지 힘들고 가슴 졸였던 여러 가지 감정들이 한꺼번에 쏟아져 나오는 것이 아닌가. 사실 나이 들어서 따는 학위라서 모든 것이 여의치가 않았다. 가장 힘들었던 것은 역시 일과 병행 하는 것이었다. 지금까지 직장생활과 대학에서의 모든 일에 대한 책임감을 삶의 일부로 어깨에 지고 왔던 세월들이 절대 녹록지가 않았기 때문에 더 눈물이 났었나 보다.

그렇게 졸업식이 끝나고 2주 정도는 몸살이 심하게 왔고 끙끙 앓으면서 수업은 나갔다. 긴장이 풀어지면 여기저기 아플 거라 예상은 했었다. 이번에도 강남대학교의 일본과정 취업률은 90프로로 거의 다 취업이 되었고 어느 누구 한 명이라도 속을 썩인 일 없이 조용히 한 학기 동안 잘 따라 주어서 그 해에도 좋은 결과가 나왔다. 그리고 그 학생들이 수료하면서 꿀 같은 일주일 정도의 여유가 생겼다.

드디어 집에서 좀 쉬면서 박사논문에 관련된 너덜너덜해진 자료들을 정리하고 내 마음속에서 떠나보내는 시간을 가졌다. 그리고 그동안 미뤄왔던 안과 진료를 예약했다.

에필로그)

박사학위를 받기 전과 후의 달라진 점은 명함이다. 그리고 나 스스로의 만족감. 그 외엔 비슷하다. 가끔 일본 출장 가서 기업들과 면담을 할 때 어쩌다 얘기할 일이 있으면 가끔 소개가 조금 되긴 하지만 이력서에 한 줄 추가 된 것 외에는 표면적으로 드러나는 일은 하나도 없다. 하긴 내가 너무 다른 리그에서 뛰고 있어서 그런지도 모르겠다.

앞만 보고 달려왔던 그 빈자리를 무엇으로 채워야 하나가 또 하나의 걱정이었다. 주말마다 나를 책상 앞에 앉게 했던 그 무언가가 없어지니까 어디다 맘을 둬야 할지를 몰랐다. 마치 연애하던 애인과의 이별 후에 텅 빈 마음처럼.

빨간 불

그동안 바빠서 이리저리 미뤄왔던 안과 정기검진을 갔다. 난 늘 안암동에 있는 고대병원을 간다. 태어나기도 거기서 태어났고 학교와 집 모두 인연이 있는 데다가 식구들의 모든 수술은 그 병원에서 해왔기에 멀어도 거기가 편하다. 의사들의 실력은 잘 모르겠지만 제일 맘이 놓인다고 해야 하나. 25년 전에 엑시머레이저 시력 교정 수술도 그 병원에서 했고 그 이후로도 쭉 관리를 고대병원 안과에서 해왔다. 그러고 보니 눈 수술 하고 나서 그동안 시력도 1.0 그대로이고 무탈하게 잘 보이는 것도 너무도 감사한 일이다.

5년전 어느날 결막염으로 동네 안과를 갔다가 내 눈을 한참 들여다 보던 안과 의사가 아무래도 시신경 정밀 검사를 받아보는 것이 좋겠다는 말을 했다. 그래서 바로 고대병원 안과를 갔더니 녹내장의 경계선에 있다고 정기적인 검사를 받으라고 하면서 주의사항이 적힌 종이 한 장을 주었다. 종이에 적힌 내용들은 세상의 모든 환자들이 유의해야 할 사항들이었는데 살다 보니 스트레스를 덜 받기도 어려웠고 화를 안 내기도 쉽지 않았다. 게다가 산 속에 사는 자연인도 아닌데 매일 녹지를 보기도 여의치 않았다. 컴퓨터 화면이나 휴대폰 화면을 잘 때까지 끼고 살아왔는데 어찌 좋은 결과를 기대할 수 있겠냐마는 비단 나뿐 만 아니라 대부분의 사람들의 사는 모습이 비슷하지 않을까. 그래도 꼬박꼬박 정기검진 받는 동안 별다른 진전 없이 현상 유지는 잘하고 있었는데 이번엔 녹내장이 시작됐다고 하니 막연히 무섭게만 생각했던 질환이었는데 너무 일찍 나에게 찾아온 건 아닌가 싶어서 억울한 맘에 그날은 정신줄을 놓고 다녔다. 의사는 원인이 불분명 하다고는 했지만, 그동안의 고단했던 삶들이 서서히 나로부터 여러 질병들을 못 막아주고 있었다는 생각에 내 스스로를 자책했다.

드라마에 보면 엄청나게 고생고생하고 살다가 살 만 해지면 중병에 걸려서 시한부 삶을 사는 주인공들이 빈번하게 등장한다. 그런 장면을 볼 때마다 식상하다고 하건서 막장 드라마라고 폄하했었는데 나 또한 어렵게 자수성가해서 지금까지 오다보니 그렇게 흘러가는 게 현실이라는 생각이 들었다. 이제 숨을 돌릴 만하니까 그 동안 몸을 아끼지 않고 앞만 보고 성공을 위해 달려온 것에 대한 결과는 어디 한 군데가 고장이 나기 시작하는 것이니 경제적인 여유와 명예, 사회적인 위치, 성공, 학위 등 여러 가지 이룬 것들을 제치고 건강의 적신호가 1위르 나에게 안겨졌다.

몇 개월간은 세상이 무너지는 듯한 우울한 감정에서 벗어나지를 못했다. 박사과정 끝나고 나면 날아갈 듯이 여기저기 여행 다니고 매일 편안할 줄 알았는데 는 건강 챙기느라 건강식품부터 운동까지 눈에 좋다는 것은 빼놓지 않고 신경 써야 했고 하루에 두 번씩 넣는 안약 때문에 저녁 약속이 있으면 심적 부담부터 생겼다. 그러잖아도 외로운 직장생활에 더 고립된 패턴으로 나 스스로를 가두는 것 같았다. 친한 대학 동기가 다행히 안과 의사라서 불안감이 생길 때마다 이것저것 물어보곤 하지만 근본적인 해결책은 없기 때문에 사는 동안 실명되지 않도록 약으로 관리를 잘하는 방법밖에 없다는 것이 슬픈 현실이었다.

한 달 반 동안은 집 밖으로 안 나가고 소파에 누워서 미드(미국 드라마)만 하염없이 틀어놓고 보다 잤다. 이런저런 생각하다 보면 속이 터질 것 같아서 아무 생각 없이 누워만 있고 싶었다. 강남대의 일본취업과정 개강이 한 달 반 동안 미뤄지는 바람에 그나마 집에서 쉴 수 있었고 의기소침해 있던 나를 위로할 수 있었다. 그렇게 집에서 누워만 있다가 답답한 마음에 밖으로 나가서 걷기 시작했다. 아침에 일어나서 무조건 집 앞 개천을 따라서 한 시간 정도 걷다 보면 우울함에 가라앉아 있던 몸과 마음이 그나마 조금씩 풀리곤 했다.

최근 몇 년간 목 뒤에 식은땀이 흐르면서 정신이 혼미해 질정도로 힘들 때가 있었다. 언젠가 동경 출장을 가서 전철을 타고 이동할 때였는데 갑자기 빈혈처럼 눈앞이 노래지면서 주저앉고 싶어서 한참을 못 일어나고 멍하니 부들부들 다리까지 떨렸던 일이 생각이 났다. 그때부터 힘에 부치기 시작했던 것인데 조금이라도 내려 놓을 걸 하는 후회가 하루에도 몇 번씩 내 마음을 아프게 한다. 남들은 나보고 이 모든 스케줄을 어떻게 버티냐고 놀랄 때 나는 하나하나 해내면서 조금은 우월감에 자만해 있었고 드러눕고 아플 여유가 없다고만 생각했다. 이제야 내 몸과 내 마음을 아끼면서 사는 것이 얼마나 소중한지를 깨달으면서 몇 개월간은 책과 컴퓨터 등 눈에 무리 되는 것들을 멀리했다. 그래도 밥벌이는 해야 하니까 일은 놓지 못했다.

그런데 그냥 일만 한다는 것이 이렇게 쉽고 편하다는 것을 정말 오래만에 느꼈다. 학위과정도 없고 당분간 집필 계획도 없고 단지 강의와 아이들 취업 시키는 일만 하면 됐다. 갑자기 너무 시간이 많아져서 내가 게으름을 피우는 것이 아닌가 하는 생각이 가끔 들긴 했으나 이 상태로의 행복 감을 즐기고 싶었다. 특별히 노는 것에는 흥미가 없는 터라 밀린 잠을 좀 푹 자고 싶어서 몇 개월간은 8시간씩 잤던 것 같다. 그리고 아들과의 시간을 좀 많이 보내고자 했다. 아들이 다니는 학교 앞에 가서 맛집도 같이 다녀보고 여행도 다니고, 아들이 오는 주말에는 이것저것 만들어 주는 재미에 빠져 몇 가지 주메뉴를 연습해 보기도 했다. 눈 때문에 우울하고 팍팍했던 일상에 또 다른 햇빛이 틈새로 들어와서 조금씩 녹아들었다.

그렇게 시나브로 눈에 대한 걱정과 불안은 잊혀지고 하루에 두 번 약을 넣는 것은 내 삶의 일부로 들어와서 루틴한 스케줄로 자리 잡았다.

에필로그)

남들보다 몇 배는 부지런하게 열심히 살아왔고 더 많이 움직이면서 일상을 보냈는데 지금은 후회가 된다. 그냥 여느 사람들처럼 게으름 좀 피우고 싶을 때는 다 팽개치고 누워서 늦잠도 자고 대충 넘어가면서 살 걸 그랬다. 너무 빈틈없이 살면 더 빨리 빨간불이 켜지는 걸 왜 몰랐을까. 나의 체력은 한계가 있었고 그걸 이미 당겨서 너무 써 버렸다.

수원 3기 연수생들의 수료식에서는 눈물이 앞을 가릴 정도로 격려사 때 복잡한 마음이 교차했다. 아이들 취업으로 힘들었던 날들과 나의 박사과정 막바지 작업 기간들 그리고 녹내장 진단 등 고생했던 순간들이 한꺼번에 머리속을 스쳐 지나갔다.

나도 걷는 사람

봄부터 본격적으로 걷기 시작했다. 예전에 분당에 살 때는 거의 매일 나가서 걸었었는데 집 앞 환경이 분당만큼 안 되어 있어서 헬스장이나 운동장을 전전 하다가 밖에서 걷는 것을 다시 시작하게 되었다. 학교까지 걸어가 보기도 하고 약속이 있으면 일부러 많이 걸을 수 있는 코스로 선택해서 걷기도 했다. 하정우의 걷는 사람이라는 책을 읽고 나서 그 사람처럼 많이 걸을 수 있는 체력이 부럽기도 했으나 꾸준히 매일 만보 씩 만 걸어도 튼튼한 허벅지로 노년의 건강은 나쁘지는 않겠구나 라는 작은 소망도 가져봤다.

걸으면서 조급함을 조금씩 치료하려고 노력했다. 작년까지 늘 일과 학업에 쫓기고 살았던 내 삶의 일부들을 털어내고 나만 바라보기를 시작했다. 수원의 만석공원이라는 곳을 알게 되면서 수원에 수업 있는 날에는 7시 전에 만석공원에 도착했다. 그리고 1시간 정도 걷고 나서 상공회의소로 수업하러 가곤 했다. 그 공원은 나에게 또 하나의 힐링 장소였다. 봄에 벚꽃이 만개했을 때 모습은 여의도 저리 가라 할 정도로 화려하면서도 고풍스러웠다. 수원 아이들과 점심때 김밥 한 줄씩 사가지고 가서 사진 찍고 만개한 꽃을 보며 즐거워하는 시간을 갖기도 했다. 또 다른 장소인 광교 호수공원에도 가끔 갔었는데 석촌호수보다는 좀 짧은 코스이긴 하지만 그래도 꽤 운동이 되는 거리였다.

걷기는 나에게 작은 일상의 변화를 주었고 활기를 북돋아 주었다. 그리고 찌들었던 마음을 환하게 바꿔 주었다.

에필로그)

가끔은 누군가와 같이 걸었으면 좋겠다. 혼자서 전부 다 감당하기가 버거울 때는 누가 좀 같이 내 짐을 들어 주었으면 하는 생각이 든다.

걷다 보면 벤치에 앉아서 앞을 응시하고 있는 사람들이 보인다. 무슨 생각을 하고 있을까. 각자가 겪고 있는 희노애락에 대한 이런 저런 생각을 하거나 아님 정말 아무 생각도 안 하고 그저 앞만 응시하고 쉬어가는 것 일 수도 있다.

그들은 그 시간에 자신을 충전도 시키고 마음도 정리가 되는 걸 아는 사람들이다. 현명한 사람들이다.

그리고 지금

파리에서 새해를

또다시 시작된 수원의 K-move 과정과 강남대 일본 과정 학생들의 면접으로 바쁜 겨울방학이 시작됐다. 12월엔 수원 아이들과의 적응기라서 수업과 면담, 그리고 기업들의 설명회가 동시에 진행되도록 스케줄을 짠다. 그리고 초반에 나가는 학생들도 있기 때문에 분위기에 혹시라도 영향을 받을까 싶어서 더 정신을 바짝 차리고 밀착해서 관심을 가진다. 거기다가 강남대에서 진행되는 일본 취업 과정 아이들은 12월에 면접을 전원 보게 하기 때문에 기업들 초빙에 식사대접까지 늘 스케줄이 꽉 차 있다. 그리고 합격과 불합격의 결과에 따라서 바로 다른 회사들을 어랜지 하고 면접을 보게 하는 작업들이 일사분란하게 이루어지게 한다. 다른 시기보다는 몇 배의 집중력과 체력이 필요한 시기이다. 그런데 자꾸 허리가 아프다. 옷 입을 때도 그렇고 세수할 때도 그렇고 너무 아파서 숙이지를 못할 정도다.

집에 있는 파스를 붙이고 바로 수업하러 향했다. 허리 아픈 것을 깊게 생각할 여유가 없기도 하지만 금세 일하느라 잊어버리고 수업이 다 끝나면 집에 와서 겨우 뭐 좀 먹고 나면 어느새 잘 시간이다. 그렇게 파스로 버티면서 지내다가 아무래도 침이라도 맞는 것이 나을 것 같아서 주말에 근처 한의원을 찾아갔다. 증상을 들어보고 한의사는 바로 디스크라고 진단 내렸다. 그 디스크라는 단어가 너무 무섭게 들려서 설마 하며 부인했다. 그럴 리가 없을 거라고. 내가 고등학교 3학년 시절에 아버지가 디스크로 고생하시다가 수술하셔서 내 졸업식에도 못 오시고 한 달 동안 병원에 입원하신 적이 있었기에 디스크라는 단어에 경기를 일으킬 정도로 우리 식구들은 기겁을 한다.

일단 침을 맞고 조금씩 허리를 달래 보기로 하고 주말에 몇 번 가서 치료를 받았는데 다행히도 조금씩 풀어지는 것 같았다. 아들과 여행을 가기로 했는데 허리 때문에 못 가면 어떡하나 걱정이 이만저만이 아니었다. 그래도 여행은 다녀와서 아프라는 것인가 싶어서 12월 말에 아들과 무사히 파리행 비행기에 몸을 실었다. 한창 노란 조끼 부대들의 시위로 샹제리제 거리가 시끌시끌 할 때였는데 그래도 한 해의 마지막 날이라고 31일과 1일이 있는 주에는 집회도 없이 조용했다. 그 대신 화려하고 오색 찬란

한 불빛이 거리를 수놓았고 개선문은 온갖 조명을 받으며 밤 12시의 카운트 다운을 준비하고 있었다. 비록 TV에서 보기는 했으나 한 해의 마지막 밤의 열기는 전 세계가 즈겁다는 것을 느낀 마지막 날이었다.

  지친 여정이었기에 잠을 일찍 청했는데 시차가 있어서 그런지 너무 일찍부터 졸리고 너무 일찍 깨서 아들의 단잠을 자꾸 깨웠다. 다음 날 이른 아침부터 일정이 시작됐다. 첫 행선지는 몽마르트 언덕이다. 새해를 파리에서 맞을 줄이야, 그것도 말로만 듣던 몽마르트 언덕에서 일출까지 보게 될 줄은 몰랐다. 아프지 않고 잘 오게 된 것도 감사했고 아들과 함께 행복한 여행을 할 수 있는 지금의 모든 여유에 다시 한번 고마웠다. 화가의 거리에서 추운 몸을 녹이며 뱅쇼라는 것을 한 잔 하고 있는데 화가들이 슬슬 출근들을 하고 있었다. 가이드분한테 집합 시간을 확인하면서 괜찮은 화가분을 추천해달라고 했다. 마침 그 거리에 유일한 한국인 화가분이 계신다고 해서 그쪽으로 걸어가 보니 지금 막 출근을 하셨던 참이셨다. 첫 손님으로 내 초상화를 부탁했더니 기분 좋게 그것도 너무 근사하게 그려주셨다. 이게 웬 호사인가, 죽기 전에 한 번은 꼭 와보고 싶었던 파리에서, 그것도 책이나 인터넷에서만 보던 몽마르트 언덕에서 초상화 그린 것을 받아 보다니. 지금도 마음속에 파리의 여운이 계속해서 남아 있는 것 같다. 나에겐 잊지 못할 2019년 새해 첫날이 될 것이다.

정말 다행히도 파리를 여행하는 동안 허리는 한 번도 속을 썩이지 않았다.

에필로그)

파리를 다녀온 후 나는 고흐에 대한 책을 다섯 권 정도 읽었다. 고흐의 생가와 무덤을 보고 마음이 좋지 않아서 일까? 아님 초라하게 살다 간 그 주변들을 보고나니 애잔한 마음이 생겨서 일까. 아무튼 너무도 황망하게 죽은 그의 짧았던 생애를 조금 더 알아보고 싶었다. 동생 테오와 주고 받았던 편지를 책으로 엮은 것부터 미술세계까지 몇 개월간은 그의 작품과 동시대 화가들의 전시회까지 다니며 고흐의 자취를 즐기는 행복을 맛 보았다. 압생트를 즐기던 파리의 예술가들에 대한 책과 영화 그리고 랭보의 시까지 읽으면서 한동안 파리를 품에서 안고 있었다. 마침 여름에 앙리 마티스와 베르나르 뷔페전이 열리 길래 따뜻한 마음으로 감상하고 왔다. 미술관 전시회를 가기 전에 그 화가에 대해서 공부해 가고 며칠 동안 조사해 갔던 그때가 많이 그립다. 건강이 회복 된다면 꼭 다시 시작하고 싶은 취미생활이다.

나의 알고리즘

2월 어느 날, 학교에서 일본 취업 과정의 오전 수업을 마치고 점심을 먹으러 차를 몰고 집으로 가는 중 갑자기 정지해 있던 차가 깜빡이도 안 켜고 옆으로 들어왔다. 쾅쾅 하는 소리에 차를 멈추고 나가보니 오른쪽이 꽤 파손되었다. 그러잖아도 파리를 다녀오고 나서 잠잠했던 허리가 또 아프기 시작했는데 접촉사고까지 나서 허리 상태가 더 안 좋아졌다. 뭔가 안 좋은 결과가 나올 것 같아서 차일피일 미루고 있던 MRI를 찍어 보았다. 집 근처 병원에서는 별거 아니니까 물리치료만 받으라고 하는데 허리는 더 아파오기 시작하는 것이 아무래도 제대로 판독도 못한 것 같았다. 약 2개월 정도를 또 이래저래 미루다가 대학병원에 예약을 해서 진료를 받아보니 진짜 디스크라고 한다. 온 김에 허리에 주사까지 맞고 가라고 하는데 너무 무서웠지만 눈 딱 감고 주사실로 들어갔다. 처음 맞아 본 신경 차단술은 그래도 4개월간 효과가 있었고 그때 그렇게 무섭게 생각했던 주사는 지금까지 벌써 6번이나 맞았다. 이젠 감기 걸렸을 때 맞는 주사처럼 참 잘도 맞는다. 처음에 맞았던 주사의 효과로 그런대로 수원 과정이 끝나는 7월까지는 잘 견뎠다.

수원상공회의소의 일본 과정 4기생들의 취업시기가 벌써 돌아왔다. 강남대 아이들이 떠나자마자 바로 수원 아이들의 면접 준비가 시작되고 3월 말부터 기업들이 오기 시작한다. 5년째 이렇게 반복되는 싸이클로 겨울방학과 여름방학에 한 번도 쉬어보지 못하고 고군분투 해 왔다. 유난히도 이번 수원 4기생들은 힘든 아이들이 많다. 실력도 그렇지만 중도탈락한 아이들이 많아서 내가 아무리 전원 다 취업을 시키는 마법을 부린다 해도 잘했다 칭찬받기가 애매한 취업률이 되었다. 그래도 나는 매년 마법을 쓴다. 부족하고 도저히 안 된다 하는 학생들도 어떻게든 다 취업을 시켜놓는다. 그런데 나중에 사고를 치거나 잠적을 하거나 도망가는 애들의 뒷감당은 속수무책일 뿐 만 아니라 연수 기간 동안 그 누구보다도 성실했던 애들이 그러는 경우도 있기 때문에 뒤통수를 맞고 맘의 상처까지 받는 오차범위가 늘 발생한다. 그런 것까지 다 감안을 미리 해서 아이들의 성향에 최대한 맞게 기업들을 추천 하지만 그래도 에러가 난다.

3월 말에는 이토츄 계열사를 초빙해서 직접 오게 하여 면접을 보도록 했다. 많이 선발은 안 했지만 채용된 학생은 꿈인가 생신가하며 나에게 늘 고맙다 했다. 너무 이른 시기에 면접을 진행해서 한 명밖에 안 된 것이 좀 아쉬웠지만, 내년을 기약하며 다음 면접을 준비시켰다. 사실 일본 대기업도 일본의 명문대생 채용을 우선시한다. 우리나라 대기업이 서류전형에서 명문대생들을 선호하는 것처럼 입사 후에 그 회사 내의 조직체계와 시스템을 못 견딜 만한 사람은 채용하지 않는다. 예전에 JTB라는 대기업에서 일할 때 그 기업의 많은 직원들이 게이오대, 도쿄대, 호세이대 출신인 것을 보고 세계 어느 나라이건 대기업에 모이는 인재들은 비슷하다는 것을 알았다. 단지 일본은 대기업과 중견, 중소기업의 급여의 차이가 거의 없기 때문에 굳이 대기업에 몰리는 현상이 없는 것이고 본인의 실력에 맞는 기업에 지원하는 것이 우리나라와 다른 점이다.

내가 그 회사에서 일할 때는 너무 꼼꼼한 업무체계와 디테일한 문서작업 때문에 적응하는 6개월 정도 기간은 거의 매일 야근을 했었는데 그때의 경험이 지금 일본기업들과 일할 때 그리고 비즈니스 일본어를 가르치고 학생들에게 소양 교육을 할 때 도움이 되기도 한다. 아무래도 일본기업에서 일 해 봤다는 경험이 아이들한테는 좋은 이야깃거리가 되고 외부에서는 멘토링을 할 수 있는 뒷받침이 되기도 한다.

4월 말까지 모든 학생들을 취업시키고 5월 말에 수원시 관계자들, 그리고 학생들과 함께 동경으로 현지 연수를 갔다. 이것 또한 내가 1기 때부터 제안서에 넣었던 항목이고 처음엔 현지에서 면접을 하고자 해서 2기 까지는 그렇게 진행을 했었다. 그런데 현지에서 미니 박람회처럼 기업들을 불러서 아이들을 맘껏 면접을 보게 하다 보니 잘하는 애가 몇 개의 기업에 전부 합격해

버리는 사태가 발생이 되어 버렸다. 물론 못하는 아이들의 그룹은 계속해서 낙방을 하고 상심해서 동경에서의 며칠 동안 밥도 제대로 못 먹고 면접만 계속 보다 오는 결과가 나타났다. 그리고 그렇게 현지에서 고생 하면서 진행해도 취업률은 비슷하게 나왔다. 그래서 3기 부터는 아예 미리 한국에서 다 취업시키고 일본 가서는 본인이 취업한 회사에 방문하고 기숙사까지 둘러보고 오는 시간을 갖는 방식으로 바꿔 버렸다. 그래야 수료식 때 전원 취업이 되어 있고 연수생들이나 수원시, 수원상공회의소 직원들에게 안도감을 줄 수 있기에 그렇게 변경해서 진행하고 있다. 휴.. 숨 가쁜 일정들이다. 이번에도 모든 스케줄을 내가 다 짜고 기업체들 초빙해서 내정자들과의 면담과 사무실 방문 등 하나부터 열까지 완벽하게 소화 해 냈다. 그리고 너무나 감사하게도 허리는 한 번도 잡음 없이 건강하게 모든 일정에 보조를 맞춰 주었다. 하지만 내가 꼭 있어야 하는 이 시스템을 언제까지 유지 할 수 있을지 점점 더 걱정이 되기 시작했다.

다람쥐 쳇바퀴 돌 듯이 정규화된 알고리즘처럼 수원 아이들이 수료를 준비할 때 즈음 나는 강남대학교의 새로운 기수의 연수 시작을 준비해야 한다. 이번에는 6기생들의 모집이 많이 안 돼서 조촐하게 10명으로 하게 되었다. 적은 인원이지만 아이들의 열정은 많은 인원에 뒤지지 않을 만큼 수업 분위기도 좋고 나와

호흡을 잘 맞추어 주었다. 순조로운 출발과 강사들 셋팅 등 모든 것의 점검이 다 끝나자 이번엔 수원의 다음 기수 제안서 작업과 심의 등 끊임없는 서류작업이 또 기다리고 있었다. 난 디스크 진단을 받은 환자라는 사실을 잊어버리고 몇 개월간 운 좋게도 잘 살고 있었다. 그러다가 8월부터 다시 통증이 오기 시작했다. 고대병원 의사를 만나기까지는 시간이 너무 걸려서 가까운 통증의학과에서 주사를 두 번 정도 맞았는데 이번엔 낫지를 않는다. 다리까지 당기는 증세가 있는 것이 왠지 쿨길한 예감이 들긴 했으나 그 때 까지만 해도 아들 기숙사 입소하는 것도 같이 가서 봐주고 마트를 몇 번이나 왔다 갔다 할 정도는 될 정도로 그리 심각하지는 않았었다. 그런데 9월 초부터 급격히 다리가 당기기 시작했다. 이번엔 감이 정말 안 좋았다.

결국에는 9월 말에 입원을 자처해서 허버렸다. 그나마 9월에서 10월 사이가 제일 한가한 시기니까 종아리 당기는 것을 수술해 버리면 재활 기간이 걸린다 해도 한 참 바쁠 때는 적어도 강의는 하러 다닐 수 있지 않을까 싶었다. 눈앞에 뻔히 보이는 정류장까지도 못 걷는 정도가 되어 버리니 맘이 조급해졌고 아파서 죽겠다는 심정 보다는 어서 고쳐서 일하러 움직여야 한다는 강박관념이 더 컸다. 그러나 대학병원이라서 그런지 검사 몇 가지 해보고 MRI를 다시 찍어 보더니 당장 퇴원하란다. 수술할 정도가 아니라고 날 집으로 내쫓았다. 그 이후로 나는 몇 군데의 병원을 다니며 의견을 취합해 보았는데 큰 병원은 수술은 아직 아니다이고 척추 전문병원은 지금이라도 당장 하라는 진단이었다. 고대병원 의사는 나에게 3개월의 시간을 줬고 그동안 열심히 운동하고 약으로 치료해 보고 그때도 안 되면 수술하는 것으로 결론 냈고 나는 다시 일상으로 돌아와서 일과 약간의 운동 그리고 마인드 컨트롤로 하루하루를 살아가고 있다.

내가 짜 놓은 프로그램 안에서 나를 혹독하게 채찍질하다가 결국 움직이기도 힘든 상황까지 와버렸다.

에필로그)

가끔은 집에서 살림만 하면서 남편의 수입으로 편하게 사는 복 많은 여성들이 부럽다. 아파서 수술이라도 하게 돼서 꼼짝 못하는 사태가 발생해도, 적어도 직장을 잃거나 수입이 끊기는 일에 대한 두려움이 나 정도는 아닐 것 아닌가. 사회적인 관계나 일에 대한 연속성들이 사라진다는 것이 가장 두려웠고, 나 아닌 누군가가 나를 위해 벌어다 준 적이 한 번도 없었기 때문에 아프더라도 일하면서 고칠 수 있는 정도의 가벼운 것이 아니면 감히 받아들일 수가 없는 나였다. 그런데 이젠 비껴가기가 쉽지 않을 것 같다.

나고야 출장

정기적인 출장에 캔슬을 냈다. 허리로 인해서 다리 신경이 눌려 도저히 출장을 엄두를 못 내다가 아직 수술은 안 했으니 한번 가보자 싶어 용기를 내서 일정을 잡았다. 출장은 사실 무리인데 가야 할 시점이기도 하고 중간고사 기간이라 여유가 생겨서 결정하긴 했지만 역시 공항버스 정류장에 가는 것부터가 겁이 났다. 100보 이상 걷는 것이 너무 두렵게 된 내 현실이 믿어지지 않을 만큼 끔찍했다. 그런데도 수술을 안 시켜주는 대학병원이 야속했지만 난 어쨌거나 현재 이겨내야만 하는 입장이다. 혹시 몰라서 신경 차단술 주사를 미리 맞고 약도 넉넉히 준비해서 나섰건만 캐리어 드는 것도 문제고 정류장까지 걷는 것은 아예 힘들 것 같았다. 다행히 엄마가 그 전날에 와서 주무시고 같이 택시로 이동해 주셨고 공항까지도 같이 가 주셨다. 이러다가 엄마가 돌아가시기도 하면 어떡하나 지금부터 걱정이 들었다. 연세도 많은데 언제까지 나이 많은 딸의 뒷바라지를 해 주실 수 있겠는가. 이럴 때는 차라리 좀 능력이 없더라도 집에서 차분히 살림 하면서 엄마와 맛있는 거 먹으러 다니고 노년을 보내는 사람들이 부럽기도 하고 엄마에게 너무 미안하기도 했다.

태어나서 처음으로 외국 나가는 길에 휠체어를 요청 해 봤다. 생각보다 편하게 출입국 절차를 밟을 수 있었고, 한국에서는 탑승할 때까지 그리고 도착해서는 나고야 공항 전철역까지 서비스 해주는 것에 감탄했지만 두 번 다시 이런 식으로 외국을 다니고 싶지는 않았다. 살 것은 딱히 없어도 면세점 구경하는 재미가 있는 것인데 휠체어 서비스를 받게 되면 개인적인 용무를 볼 수 없고 바로 기내로 들어가야 했다. 그리고 무엇보다도 내 발로 걸어서 둘러볼 수 있는 것이 얼마나 행복한 것인지를 또다시 깨닫게 되었다. 다음 출장 때는 조금 더 걸어볼 수 있기를 정말이지 바라고 또 바래본다.

역 앞에 호텔을 잡아놨기 때문에 다행히 기업체 미팅과 제자들 만나는 것은 호텔 앞에서 모두 해결할 수가 있었다. 언제까지 이렇게 할 수는 없는 일이지만 그래도 내가 이젠 기업체를 불러서 미팅할 수 있는 정도의 연륜이 있는 것이 다행이고 감사할 일이다. 수료하고 오랜만에 만난 제자들은 저마다 적응을 잘 하고 있었다. 아직 일본어가 많이 늘지를 않아서 사내에서 연수 받는 애들도 있었고 크게 기대하지 않고 보냈는데 너무도 잘해내고 있어서 리더를 하고 있는 제자도 있었다. 어떤 사람에게든지 잠재적인 능력이 발휘될 때가 있나 보다. 그 환경만 잘 만들어 주면 아니 적절한 때 가 되면 너무도 훌륭히들 해낸다.

오늘따라 일본에서 내리는 비가 더욱 서글프다. 내가 요즘 몸이 불편해서인지 밖에서 걸어 다니는 사람들만 봐도 부럽고 눈물이 난다. 하긴 그동안 너무나도 내 자신을 혹사시키며 살았지. 남들은 출장 와서 그렇게까지 무리하지 않던데 난 왜 그리도 내 자신에게 철두철미하게 채찍질하고 엄격했던가. 하루에 4군데 기업체 미팅을 해야 출장이라고 생각했고 시간이 남아서 생기는 여유로움이 나 스스로 싫어서 일을 하면서 자투리 시간을 채우곤 했다. 너무 나에게 너그럽지 못했던 시간들이 건강을 빨리 앗아 간 건 아닌가 싶다. 이젠 나에게 너그럽게 대하고 싶다. 그리고 나를 아끼면서 살기로 했다.

에필로그)

학생들을 몇 년 전부터 나고야에 있는 회사에 취업시키면서 그 쪽 출장을 자주 가게 되었다. 도요타 본사가 있어서 산업도시로 발전되어 있고 부유층이 많다고 들었다. 특별한 관광지는 없지만 맛있는 음식이 많아서 출장 갈 때마다 1~2킬로그램씩은 찌는 것 같다. 그 중에 제일은 역시 테바사키! 닭 날개 튀김인데 후추간을 맛있게 한 것이 정말 일품이다. 시원한 생맥주와 함께 먹으면 한 없이 들어가서 우리나라 치맥의 맛과 대결할 만 한 것 같다.

나에게 가장 큰 자산인 일본IT 취업 과정을 거쳐 간 제자들의 값진 인터뷰들을 수록했다. 일본에서 근무한 지 15년 된 제자도 있고, 일본에 취업 한 후 이직을 해서 다른 직종으로 근무하고 있는 제자들도 있다. 또는 몇 년 근무 하다가 공부를 더 해보고자 대학원에 진학한 제자도 있다.

타국에서 저마다 바쁘게 살아가며 자신의 역할을 다하고 있는 그들에게 감사의 마음을 전하며 그리고 어디선가 본인에게 주어진 일을 묵묵하게 해내고 있는 장한 당신들을 칭찬합니다.

소중한 제자들의 talk

정재봉 (Nouvo system 본부장, 일본에서 15년째 근무 중)

Q 일본에는 어떤 계기로 오게 되었나요

A 군대를 미8군 부대에서 보내고 그 이후 세계 여러 나라를 둘러볼 기회가 있어서 이곳 저곳을 돌아보게 되었습니다. 그러면서 자연스럽게 해외 생활에 대한 기대감이 생겨나게 되었고, 굳이 한국이 아니어도 되지 않겠나 라는 생각이 마음 한켠에 자리 잡게 되었습니다. 영어권 국가로 갈 기회가 있기는 했었지만, 나이도 어리고 그 당시 상황이 외국으로 훌쩍 가기엔 이래저래 걸리는 것 들이 없지 않아 있었기에, 흐지부지 되어버렸습니다. 한국에서 남은 학업을 마치고 회사 생활을 하면서 그냥 그렇게 흘러가는가 보다 라고 생각하던

중, 평소 해외 생활에 관심이 많았던 친구가 생소한 일본 취업에 대해 정보를 들고 왔고, 일본 취업에 관한 설명을 들으러 간 자리에 이정연 교수님이 계셨습니다.

이런 저런 설명을 듣고 질의응답을 하고 난 후, 원래 원하던 영어권 국가는 아니었지만, 한국이라는 울타리를 벗어 날수 있다는 점에서는 해외에서 살아보려 했던 내 기대와 크게 다른 점이 없었기에, 그때부터 본격적으로 고민을 해보기 시작했었습니다.

생각과 문화가 다르고 관습도 다른 전혀 다른 세상에서 살아 보고 싶었고, 이 넓은 세상에서 우물 안 개구리처럼 살기도 싫었고, 무엇보다 남들과 똑같이 살기는 더더욱 싫었던 제 20대에 마지막 도전이라고 생각하고 이정연 교수님과 같이 노력해 보기로 하였습니다. 이정연 교수님께서 많이 노력해 주신 덕분에 저는 연수 과정 절반 정도 만에 조기 취업하게 되어 일본에 오게 되었습니다.

Q 일본에서 IT개발자로서의 삶은?

A 일본에 처음 와서 가장 크게 놀란 점은 일의 진행이 어마어마하게 느리다는 점이었습니다. 그 당시 한국 같았으면 한 달이면 했을 일을 3개월 이상 하고 있었던 걸 보면 2배 이상

느리게 업무를 진행하고 있는 걸 보면서 솔직히 답답함을 많이 느꼈던 것 같습니다.

지금 생각해보면 지극히 한국적인 방식으로 접근해서 그렇게 느꼈던 것인데, 개발 프로세스 자체가 한국은 그 당시 스파이어럴 방식으로 실물을 가지고 컨펌을 받기 때문에 굉장히 스피디하게 업무를 진행하였습니다만, 일본은 워터폴이 주류였고 도큐먼트를 중심으로 컨펌을 받기 때문에 설계에 중심을 많이 드고 있었습니다. 거기다 도든 과정을 도큐먼트로 다 남기면서 일을 하니 당연히 속도가 느릴 수밖에 없었습니다.

지금은 그 느린 속도감에 익숙해져서 한국의 빠른 속도를 보면 진짜로 일을 제대로 하고 있는가 생각을 하기도 하니 여기서 보낸 시간이 짧지만은 않은 것 같습니다.

한국의 개발자와 일본의 개발자가 어떤 단면만 보고 판단한다면 크게 틀라 보이지는 않습니다. 하지만 기저에 깔려있는 사고방식이나 문화는 조금 달라서 거기에서 오는 차이점들은 분명히 있는 것 같습니다. 예를 들어 전체는 아니지만 대체적으로 라이프 워크 밸런스를 중요시 하기 때문에 서로가 무리한 요구는 잘 하지 않는다는 점이라던가, 휴식을 취하면서 어떻게 하면 효율을 극대화해서 성과를 낼지 시스템적으로 고민하는 부분은 한국보다 좋은 듯합니다.

그리고 개발자의 최종 테크트리가 치킨집 사장님으로 수렴하지 않는다는 점도 마음에 드는 부분입니다. 늙어서도 개발자로서 일할 수 있다는 점은 분명한 메리트입니다.

한국에서 어느 정도 개발자로서 살아도 되겠다 싶은 마음이 섰다고 하면 굳이 한국을 고집하지 않아도 좋지 않을까 합니다. 요즘 사회 초년생 페이는 일본보다 한국이 높아졌다고는 하지만 기술자로서 실력만 인정받을 수 있다면 시간이 흐를수록 한국보다는 분명히 많이 받을 수 있습니다. 한국처럼 일에 치어 살지 않더라도 말입니다.

Q 가장 기억에 남는 일이 있다면?

A 아직 일본 사회로선 초년생일 때의 일입니다. 은행권의 큰 프로젝트를 1년 정도 진행하고 우치아게 파티를 할 때의 에피소드 입니다. 같은 팀의 리더가 술 한잔 기울이면서 일본의 과거사를 얘기하면서 잘못한 것이 참 많았다 라고 하면서 사과를 했던 것이 가장 기억에 남습니다. 제가 직접적인 피해 당사자고 아니고, 그 사람도 직접적인 가해자가 아님에도 불구하고 그런 얘기를 할 수 있다는 것 자체가 굉장히 놀라운 일이었고, 그때까지 가지고 있었던 편견 같은 것이 많이

사라진 계기가 되는 사건이었습니다. 이런 문제로 사과를 받을 줄은 상상도 못 한 일이었고, 그 당시엔 충격 그 자체였지만 시간이 지나 생각해보니 그분이 참 대단한 분이었다는 생각이 들고, 개인적으로 존경심이 우러났었던 분이 아니었나 싶습니다.

Q 앞으로의 계획은?

A 개발자라고 하면 누구나 비슷한 꿈을 가지고 있을 거라 생각합니다.

세상을 바꿀 수 있는 무언가를 하고 싶습니다. 그리고 세상을 보는 시각을 넓혀서 다가올 미래를 예측해서 준비할 수 있는 사람이 되는 것. 그렇게까지 할 수 있는 경험과 능력이란 저에게도 아직 갈 길이 먼 여행길 같은 느낌입니다만, 언젠가는 그렇게 될 수 있을 거라 믿고 있습니다.

그리고 회사의 일원으로서 계획은, 한국인에게 가장 잘 맞고 한국인이 가장 잘 할 수 있는 부분을 더 개발해서 활약할 수 있는 영토를 늘리고, 그 안에서 더 많은 기회를 새롭게 창출하고 싶습니다. 발전해 나아가다 보면 정말로 해외에서 그리고 일본에서 열심히 생활하고 싶은 후버들과 재미있게 일하면서 서로서로 발전해 나갈 수 있게 되지 않을까 생각합니다.

Q 미래 엔지니어들에게 어드바이스 한마디

A 사실 후배들에게 조언은 밤을 새면서라도 해주고 싶은 마음입니다. 하고 싶은 말도 정말 많고 듣고 싶은 말도 정말 많습니다만, 그중에 몇 가지만 추려보도록 하겠습니다.

1) 사회인으로서 요구되는 스킬은 전 세계 어디나 거의 비슷하다.

   성실과 근면과 같은 뻔한 얘기는 넘어가도록 하고, 여기서는 앞으로 일본인과 동등한 개발자까지 가는 것만으로도 쉽지 않은 길임을 의미합니다. 어찌 보면 당연한 것인데 요즘 일본으로 건너오는 사람들을 보면 당연하게 생각하지 않는 사람들이 꽤 많이 보입니다.

   일단 영어든 일어든 언어적인 측면만 봐도 많은 시간이 필요한 것이 사실이며 단순하게 언어가 어느 정도 되는 수준까지 왔다고 하더라도 업무 진행을 위한 커뮤니케이션 스킬 등의 습득은 또 다른 문제이기 때문에 항상 일본인들 보다는 더 노력을 해야 한다는 얘기가 됩니다. 여기까지가 일반적인 사무직일 경우의 얘기이고, 개발자로서 본다면 거기에 기술력까지 동반이 되어야 합니다. 그래야만 본인이 원하는 자신의 미래의 모습에 어느 정도 가까워 지지 않을까 생각합니다.

2) 해외 생활에 대한 환상을 보지 말고 현실을 볼 것.

요즘 유튜브 같은 곳을 보면 해외 생활에 대한 얘기들이 많이 올라옵니다. 그런 얘기들이 남의 얘기가 아니라 본인의 얘기라고 생각하고 보셔야 합니다.

외국인에 대한 차별, 영주권 취득까지 가는 험난한 여정, 다른 문화와 관습적인 차이에서 오는 시행착오 등이 힘겨움으로 느껴지지 않고, 새로움이나 신선함과 같은 느낌으로 받아드릴 수 있는 사람들이 해외 생활을 해도 실패의 가능성이 적은 사람들이라고 생각합니다. 하지만 상당수가 힘겨움 혹은 스트레스로 받아드리는 것이 사실이며, 해외 생활 몇 년 이내에 지독한 향수병과 겹쳐서 한국으로 돌아가는 것이 현실입니다.

3) 처음엔 당연히 힘들다.

20년 넘게 한국에서 그것도 부모님의 보호아래서 생활하다가 사회생활도 제대로 해보지 않은 사람들이 자신의 나라를 벗어나는 일이 쉬울 리가 없습니다. 벗어나서 살아가는 것도 당연히 쉬울 리가 없습니다.

아파서 병원에 가더라도 한국말로 편하게 대화하기가 힘이 듭니다. 몸도 안 좋아서 정신이 오락가락하는데 말까지 안 통하니 답답하기만 합니다. 헤어컷을 하려고 미용실에 가도 마찬가지입니다. 헤어스타일을 어떻게 설명해야 할지 막막하기만 합니다. 하지만 그런 불편한 점들을 극복하고 이겨내야 외국에 나온 의미가 있는 것이라고 생각합니다. 병원을 가더라도 말이 잘 안 통한다는 이유로 한국 의사가 있는 곳만 찾아다니는 사람들이 있습니다. 처음에는 그게 편할지 모르겠지만 몇 년 후에는 어떻게 하는 것이 본인에게 혹은 자신의 가족에게 더 좋을지는 제가 설명하지 않아도 누구나 다 알 수 있을 것입니다.

회사에서도 간혹 보이는 경우인데 일본어가 잘 안 통하니까 웃음으로만 대충 때우려는 사람들이 있습니다. 웃음으로 그 순간을 넘어가는 것은 좋습니다. 하지만 그다음엔 자신이 하려는 말을 제대로 공부해서 다음엔 같은 상황에서 제대로 말을 할 수 있어야 합니다. 나이가 젊었을 때는 애교로 봐주고 넘어 갈 수도 있습니다만, 나이를 한 살 두 살 먹어가면 절대로 그냥 넘기기 힘들 것입니다.

4) 마지막으로

외국인으로서, 또한 이방인으로서 스스로를 보호하기 위해 혹은 그들의 울타리 안에서 살아가기 위해 오는 스트레스가 가볍지만은 않습니다. 하지만 그런 것들을 충분히 감내하고 살아가기에 괜찮다고 판단 할 수 있는 이유도 분명히 존재합니다. 글로벌 시각을 견지할 수 있게 되고, 넓은 세상에서 무한한 가능성을 바라볼 수도 있으며, 남의 시선을 크게 신경 쓰고 살아도 되지 않는 사소한 메리트까지 본인이 선택한 삶에 책임을 질 수 있는 자세를 겸비하고 해외로 가는 비행기에 몸을 실을 수 있는 사람이 되어 주셨으면 좋겠습니다. 그것이 제가 후배들에게 가장 바라는 점이 아닐까 싶습니다.

 **최혁순** (아시아정보시스템즈 부장, 일본에서 14년째 근무 중)

Q 일본에는 어떤 계기로 오게 되었나요

A 일본에 오려고 마음먹었던 적은 한 번도 없었습니다. 일본어도 모르고 다들 그렇듯이 대학 졸업 후 한국에서 전공을 살려서 IT 기업으로 취업하겠다는 막연한 생각만 있었는데 우연히 대학 3학년 가을에 일본으로 수학여행을 오게 되었습니다. 일본이라는 나라에 대한 관심도 없었고 한국보다 IT가 발전된 나라라는 것밖에 모를 때였던 것 같습니다.

수학여행 중에 일본기업방문 시간이 잠깐 있었는데 신주쿠에 위치한 어느 회사에 방문하여 일 내용, 기업문화, 복지, 급여, 문화 등에 대한 설명을 듣고 눈으로 확인할 수 있는 시간이 잠깐 있었습니다. 그리고 귀국 후에 한국이 아닌 더 넓은 곳에서의 경험은 어떨까 하고, 많은 생각을 하게 되었습니다.

한국에서의 가까운 거리와 좋은 복지수준과 근무환경, 그리고 기업문화는 너무나도 큰 장점이었지만 친지, 친구들과 떨어져서 생활하고 낯선 환경에 적응해야 한다는 두려움도 있었습니다. 그래도 한번 도전해보자 하는 마음에 제일 약했던 일본어에 대한 도전을 시작하게 되었습니다.

정부 지원 취업 교육 과정이 있었고 IT와 일본어를 약 10개월정도 교육을 받는 도중에 면접 기회가 있어서 일본으로 갈 수 있는 기회를 잡게 되었습니다.

Q 일본에서 IT 개발자로서의 삶은 어떤지?

A 처음에 일본에 왔었을 때는 정말 힘들었습니다. 책으로만 배우던 일본어와 다르게 일본인과 일상대화도 아닌 일에 관련하여 대화를 하려니 커뮤니케이션에서 벌써 문제가 생겼습니다. 모든 일에 있어서 꼼꼼하게 스케줄을 정하고 그 기간에 맞춰 일을 진행하는 방법에 능력이 부족한 신입으로서는 조금 힘이 들었습니다. 선배들 덕분에 도움을 많이 받고 제 자신도 노력한 덕분에 조금씩 조금씩 생활에 적응해 나가는 일상이었습니다.

회사에서도 이런 어려운 점을 잘 알고 계셔서 그 당시 신입사원들에게 많은 도움을 주셨습니다. 기숙사를 제공해 주시고, 동호회 활동, 일본인 사원과의 커뮤니케이션이 될 수 있도록 기회를 주셨었는데 저 또한 개인적으로 그들과 잘 어울렸습니다. 낯선 곳에서도 잘 적응 할 수 있는 자신감을 가질 수 있는 계기가 되기도 했습니다.

3년쯤 시간이 지나니 어느 정도 대화에 자신감도 붙고 회사의 일도 적응이 되어 가니 회사 생활이 정말 재미 있었습니다. 취미 생활도 하고 일본사람들과도 어울리며 일하는 것도 흥미가 생겨 새로운 영역에 도전도 해보는 여유로운 생활이 상당히 많았습니다.

현재는 다른 회사와 마찬가지로 9시나 10시쯤 출근하여 18시나 19시쯤 퇴근을 하는 하루 일상이며 근무내용은 고객처의 메일 및 전화대응, 일괄 프로젝트 진행관리, 사원 교육을 담당하고 있습니다.

가끔은 밤늦게까지 일하는 경우도 있지만, 납기에 맞춰 스케줄이 정해져 있어서 본인 능력에 따라 편안하게 일할 수 환경이라 생각됩니다. 현재 생활도 즐기면서 반드시 자기 계발도 게으르지 않게 하여야 앞으로도 뒤처지지 않은 생활을 할 수 있다는 믿음을 갖고 있습니다.

Q 가장 기억에 남는 일이 있다면?

A 일본에 처음 와서 첫 월급을 탔던 날인 것 같습니다.

회사생활이 처음이었기 때문에 신입사원 월급을 받았던 날 같이 입사했던 친구들과 조촐하게나마 파티를 했던 기억이 납니다. 큰 금액은 아니었지만 내가 땀 흘린 대가를 받았다는 사실에 너무 기뻤고 앞으로도 두 세배 더 받을 수 있도록 준비를 하는 계기가 되었던 것 같습니다. '내가 과연 이 금액을 받을 준비가 되어 있는가 밥값을 하고 있는가' 라며 항상 자신에게 묻는 계기가 되어 조금씩이나마 발전할 수 있는 노력을 하지 않았나 생각이 듭니다.

Q 앞으로의 계획은?
A 먼저 일에 관련한 계획이라면 더 훌륭한 후배들이 계속 입사하고 있기 때문에 그들이 능력을 100% 활용할 수 있는 환경을 만들어 주고 싶습니다. 내부에서는 사원교육에 조금 더 신경을 쓰면서 사외로써는 고객관리어도 게으르지 않게 진행하는 것입니다.

기존고객에게는 더 나은 만족감과 신뢰를 드리고 새로운 고객도 동시에 발굴하여 회사의 가치를 더욱더 높일 수 있는 기회를 잡고 싶습니다. 부족한 스킬에 대해서도 보완하고 기술 영업, 컨설팅, 제안 등에 대한 공부도 더 진행하여 후배들이 일할 수 있는 기회를 제공하고 싶습니다.

인생의 계획이라면 앞으로도 일본에서 10년에서 15년 정도 더 경력을 쌓고 싶고 그 경력을 한국에 있는 후배들에게 도움이 되도록 하는 것입니다.

Q 미래 엔지니어들에게 어드바이스 한마디

A 1. 업무능력

다른 직종도 마찬가지겠지만, 하루가 다르게 변하는 이 세상에 적응하기 위해서는 끊임없이 노력을 해야 합니다. 새로운 언어가 나오고 새로운 기술이 나오는 사이클이 점점 줄어들고 있고 그것을 적응 하지 못하면 살아남기 힘들다고 생각합니다. 새로운 것을 받아들일 수 있는 마음가짐과 기술을 활용할 수 있는 능력이 필요합니다

어떤 언어에 어떤 기술이 중요한 것이 아니라 그 기술을 어떻게 활용할 수 있느냐가 더 중요합니다. 조금 더 효율적으로 조금 더 쉽게 할 수 있는 업무 진행 방식을 항상 생각하시길 바랍니다. 또한 문서작성도 중요한 일 중에 하나입니다. 설계서 작성, 보고서 작성 등 많은 문서를 만들고 처리하는 일도 꽤 많습니다.

일본에서는 Office를 이용한 문서작성이 많기 때문에 반드시 익히고 오시길 바랍니다.

2. 커뮤니케이션

일 진행에 있어서 다른 사람과의 커뮤니케이션은 무엇보다도 중요합니다.

ほうれんそう(호우렌소우)라고 하여 회사생활에 있어서

보고, 연락, 상담은 정말 중요한 3가지입니다. 뿐만 아니라 동료, 고객, 선후배, 친구 등 회사생활 이외에서의 커뮤니케이션은 어디서든 중요할 것입니다. 커뮤니케이션이 없다면 본인과 타인과의 생각 공유가 어려워지기 때문에 원만한 사회생활을 기대할 수 없을 것입니다.

또한 업무 중에 메일 쓰는 것도 중요한 커뮤니케이션 중 하나입니다. 입사 전에 메일 쓰는 방식, 매너, 대화 요령 등을 미리 습득할 수 있는 기회가 있으면 좋겠습니다.

3. 프로의식

회사에서 급여를 받으면서 일을 한다는 것은 이미 아마추어가 아닙니다.

회사는 본인의 능력을 펼칠 수 있는 기회를 제공해야 하고 사원은 그에 맞는 능력을 갖추지 않으면 안 됩니다. 「난 들어온 지 얼마 안 되는 신입이라서…」, 「아직 안 배워서…」라는 핑계는 본인의 가치를 떨어뜨리는 말 중 하나입니다.

아직 안 배워서가 아니라 「잘은 모르지만 한번 찾아보고 해보도록 하겠습니다」라는 말이 프로의 자세라 생각됩니다.

노력하지 않는데 뛰어난 능력을 가질 수 있는 사람은 아직 본 적이 없습니다. 프로의식을 갖고 할 수 있다는 자신감으로 회사생활을 하신다면 실패하지 않는 회사생활이 될 것입니다. 본인 스스로 해결 할 수 있는 능력을 갖추고 커뮤니케이션이 잘 되는 사람은 성공한 회사생활이 될 것입니다.

김창환 (주소 회사 12cm japan 이사, 일본에서 14년째 근무 중)

Q 일본에는 어떤 계기로 오게 되었나요

A 대학교 4학년 2학기 때 즈음에 한국에서 취업 준비를 하고 있을 때 일본 취직에 대한 주변의 조언을 듣고 고민 하던 중 이정연 교수님의 권유로 일본의 취업을 준비하고 있었습니다. 그러다가 점점 일본 취업에 매력을 더 느끼게 되었고 중앙일보 ITEA라는 곳을 통해 본격적으로 준비하게 되었습니다.
일본어와 개발언어 등에 대해서 공부하던 중 수료 전에 일본 회사에서 직접 오셔서 면접을 보게 되었고 그리고는 채용이 결정되었습니다

Q 일본에서 IT 개발자로서의 삶은 어떤지?

A 지금부터 15년 전 단순 개발자로서 일을 시작하게 되었습니다. 그때는 일본의 개발 환경에 적응하는 것과 일에 대한 욕심으로 잔업 하는 날이 많았습니다.
고생은 많이 했지만, 나름대로 일본에 누구보다 빨리 적응하는 계기가 되었다고 생각합니다.
15년이 지난 지금은 개발자의 환경이 많이 달라졌습니다. 자

신이 노력하는 만큼 대접받을 수 있고, 또한 일 외적인 시간에는 자신의 여가를 즐길 수 있습니다.

Q 가장 기억에 남는 일이 있다면?

A 어떤 큰 프로젝트에서 1년 반 정도 일했을 때 일입니다.
저 외에는 외국인이 없었던 곳이었습니다.
마침 올림픽 중 일본의 축구 및 야구 등 세계 월드컵을 개발현장의 100명 정도 되는 인원과 같이 응원했던 적이 있었습니다. 그때 무언가 하나가 되는 듯한 분위기였습니다
물론, 한일전이 있던 날이면 모두의 관심은 저에게 집중되어 마치 제가 한국 대표선수가 된 것 같은 기분이었습니다. 매번 시합에서 같이 어울려 경기도 같이 보고 서로 응원도 하면서 친목을 쌓기도 했습니다..
그 당시 제가 담당했던 일은 정말 힘들었지만, 같이 일했던 일본 동료들 덕분에 잘 마무리가 되었고 지금도 가끔 연락하는 친구 같은 존재가 되었습니다.

Q 앞으로의 계획은?

A 일본에서 재미있는 웹기반의 B2C 서비스를 만드는 것이 저의 꿈입니다.

그 꿈을 위해서 지금까지 많은 시행착오를 겪고 있지만 지금의 회사에서 그 꿈을 이루기 위해 노력 중입니다.

Q 미래 엔지니어들에게 어드바이스 한마디

A 일본에서 외국인으로 취업해서 적응하고 생활하기까지 문화의 차이와 언어의 차이 그리고 성격의 차이 등으로 힘든 일이 많이 발생합니다.

이는 일본뿐만이 아니라 다른 나라에서도 비슷한 문제는 발생한다고 생각합니다.

이때 한국인이라는 명목으로 자신을 틀에 가두기보다는 자연스럽게 그들과 동화되도록 노력해 보셨으면 좋겠습니다.

권혁재 (주식회사 브라스테크 엔지니어링사업부 주임, 일본에서 4년째 근무 중)

Q 일본에는 어떤 계기로 오게 되었나요

A 일본에 관심을 가지게 된 계기는 일본의 문화 컨텐츠입니다. 어린 시절 혼자 시간을 보내면서 가장 많이 즐긴 것은 애니메이션이었고 초중고 시절에 걸쳐 드라마나 음악까지 폭 넓게 경험을 했습니다. 이는 대학진학에도 영향을 미쳐 문화산업학과에 진학을 했습니다.

대학에 진학을 한 후, 문득 지금까지 간접적으로 경험한 일본의 문화 컨텐츠와 실제 일본의 문화는 어떤지에 대해 호기심이 생기기 시작했습니다. 가장 손쉽게 할 수 있는 것으로 워킹홀리데이가 떠올랐고, 계획을 세워 아르바이트를 통해 자금을 준비했습니다.

워킹홀리데이는 일본인들의 일에 대한 생각과 친절함에 대해 느꼈던 소중한 시간이었습니다. 일본에서 아르바이트를 하면서 느낀 점은 시간에 대한 관념이 확실하다는 것이었습니다. 정확한 시간 준수가 기본이 되어 근무시간과 휴식 시간을 철저하게 지키는 부분이 원칙을 중시하는 저의 생각과 맞아 만족한 기억이 납니다. 약속을 바탕으로 한 것이 당연하게 되는 그러한 분위기가 좋았습니다.

그 후 대학을 다니며 유학을 준비했습니다. 당시 학교의 커리큘럼에 유학을 지원해주는 부분이 있었습니다. 워킹홀리데이 때 만족한 경험을 이번에는 학습의 영역에서 체험하고 싶었습니다. 약 6개월의 시간 동안 이 문화 교류와 일본의 대학교 문화에 대해 체험할 수 있었던 시간이었습니다.

대학교 3학년이 되어 앞으로의 진로에 대해 고민을 할 때, 일본에서의 경험들이 떠올랐습니다. 지금까지 아르바이트와 학습에 대한 경험이 있고, 일본에서 취업을 할 때 어려움이 없을 것이라 생각하여 해외 취업을 결심했습니다. 하지만, 지금껏 배워왔던 일본어는 일본에서는 능력이 아니었습니다. 한국에서 한국어를 하는 것과 같이 당연한 것이었기에 그 외 부가적인 가치를 가지고 싶다는 생각이 들었습니다.

지인으로부터 K-move를 소개받은 것이 계기가 되어 소프트웨어 개발과 관련한 지식을 습득할 수 있는 기회를 얻게 되었습니다. 초등학교 3학년 때부터 386컴퓨터를 시작으로 자신의 컴퓨터를 조립하여 만든 적도, 트러블슈팅의 경험도 있었기에 자신감을 가지고 입문하게 되었습니다. 연수를 통하여 개발언어와 데이터베이스에 대한 학습을 했습니다.

현재에는 엔지니어링사업부 소속으로 다양한 업무를 진행하고 있습니다. 앞서 나왔던 모든 일련의 연쇄작용이 제가 일본에 취업하게 된 계기입니다.

Q 일본에서 직장인으로서의 삶은 어떤지?

A 일본은 사적 영역과 공적 영역이 확실히 분리되어있는 느낌을 받았습니다. 일을 함에 있어서 근무시간에는 근무에 집중을 합니다. 당연한 것으로 보이지만 정말 일만 하기 때문에 사무실이 조용한 시간이 많습니다. 한국에서 취업한 친구와 이야기를 하다 보면 그런 점이 답답하지 않은지 질문을 받을 때가 많습니다. 적응을 했기 때문에 불편한 점은 없습니다.

인간관계에 있어서도 건조한 부분이 있습니다. 현 회사는 3년차에 접어들고 있지만 같은 영업소에 계신 분들이 나이가 어떻게 되시는지, 어디에 사시는지, 가족관계는 어떻게 되는 지 등과 같이 일 외적인 부분은 교류가 적습니다. 회식문화도 적은 편이라 연간 4회 정도 사업부 사람을 모아 교류하고 있습니다.

일본에서 직장인으로서 지낸 지 어느덧 4년 차입니다. 현재 엔지니어링사업부 채용을 담당하고 있으면서 많은 보람을 느끼고 있습니다. 저는 일이란 수입을 얻는 것도 중요하며 사회에 공헌하는 면도 중요하다고 생각합니다. 우리나라의

IT 엔지니어를 채용함으로써 우리나라 사람이 일본에서 활약을 할 수 있는 환경을 제공하며 한국어 공헌하고 있고, 일본에는 기술발전을 위한 바탕을 만들어 공헌하고 있다고 생각합니다.

Q 가장 기억에 남는 일이 있다면?

A 외근을 나가는 날이었습니다. 영업활동을 위해 외부에 나가 있던 중 밖을 보니 조금씩 눈이 내리고 있었습니다. 그때 메일이 한 통 도착하여 확인을 하니 "눈이 내리고 있으니 조기에 퇴근을 할 것"이라는 메일이었습니다. 처음에는 눈이 내리는 것이 왜 큰 일인지 의아해했습니다. 알고 보니 자연재해로 인해 대중교통이 문제가 생길 수 있으니 그 전에 귀가할 수 있도록 회사 측에서 배려를 한 것이었습니다. 일본은 지진, 태풍과 같이 잦은 자연재해가 있어 안전을 중요시하고 있습니다.

이러한 안전을 중요시하는 부분은 생활에서 자주 느끼고 있습니다. 버스를 탈 때에도 승객이 앉을 때까지는 버스가 출발하지 않으며, 휠체어를 탄 승객이 탑승할 때에는 운전사가 나와 휠체어를 안전하게 고정할 때까지 기다려주는 모습도 있었습니다. '빨리빨리'를 우선으로 하는 우리나라에서도 이러한 점은 본받아 안전한 사회를 만들어나갈 수 있으면 좋겠다고 생각했습니다.

Q 앞으로의 계획은?

A 커리어플랜으로써는 일본에서 쌓은 경험을 바탕으로 한국으로 비즈니스를 전개할 수 있는 역할을 맡고 싶다고 생각합니다. 사내에는 글로벌 채용으로 인하여 다양한 국적의 엔지니어가 소속되어있습니다. 우리나라 엔지니어도 많이 소속되어 있으며 회사는 장래적으로는 한국에서의 비즈니스에도 관심을 가지고 있기 때문에 그 진출을 지원할 수 있는 포지션으로서 성장하고 싶습니다.

Q 미래 엔지니어들에게 어드바이스 한마디

A 채용업무를 하면서 느끼는 점은 자신의 생각을 정리하지 않은 분들이 많다는 것입니다. 해외 취업에 대해 막연하게 생각하거나, 장래에 대해 막연한 방향성을 가진 분들을 많이 만나봤습니다. 이러한 단순한 생각은 결국 자신을 불행하게 한다고 생각합니다.

고민이 많이 드는 시기인 취업시기는 자신에 대해 깊이 생각하는 시간을 가져야 할 것 같습니다. 저도 많이 어려웠던 시기였습니다. 평소에는 생각해보지 않았던 나는 어떤 사람인가, 왜 나는 그런 일을 희망하는가와 같이 사회에 진입하면서 자아를 성찰해야 하는 이 시기는 마치 사춘기와 같이 자신을 방황하게 하는 고통스러운 시간이었습니다. 하지만 반드시 필요한 성장통입니다. 이 시기에 자신에 대한 확신을 갖고 진지한 시간을 가지셨으면 좋겠습니다.

초기에 잡았던 방향은 언제나 수정될 수 있습니다. 정하는 것이 아닌 정해나가는 것이기에 현재의 자신의 생각을 바탕으로 어느 정도 구체화된 모습을 갖춰나가 힘차게 사회에 진출하셨으면 좋겠습니다.

박찬제 (pjs 재직 중, 일본에서 거주 4년째)

Q 일본에는 어떤 계기로 오게 되었나요

A 대학교 3학년이 끝날 무렵 해외 취업 연수 설명회를 통해 일본에서의 취업 활동이 가능하다는 것을 알게 되었습니다. 당시 일본어를 공부한 적이 없었고 전공학과 또한 IT 개발자와는 거리가 있었지만, 순차적으로 교육을 받을 수 있는 커리큘럼이 있었기에 연수에 참가하기로 했습니다.

초심자이었기에 준비기간 동안 어려웠던 부분도 있었지만, 본인의 노력과 주위에서의 도움으로 무난히 연수 과정을 마칠 수 있게 되었습니다. 연수 과정 종반에 한 기업의 면접을 보게 되었고 준비한 만큼 답변을 할 수 있었기에 합격하게 되어서 일본에 오게 되었습니다.

Q 일본에서 IT 개발자로서의 삶은 어떤지?

A 입사 초기에 IT 개발자로서 할 수 있는 일이 많지는 않았습니다. 여러 문서를 통해 프로젝트의 흐름을 익히고 업무 지식을 높이는 쪽에 집중하는 시간이 많았고, 테스트를 통해 소스코드를 익히는 방식이 많았습니다. 점차 경력이 생기면

서 단순 작업 이외에도 설계, 개발, 중간 관리자 등 다양한 업무를 맡고 있습니다.

제가 경험한 일본에서의 IT 개발자는 고객 or 상사로부터 무리한 요구를 받지 않는 점이 있었습니다. 지금 현재 가능한 일을 할 수 있게 하고, 점차적으로 실력을 향상할 수 있는 일들을 받으면서 자연스럽게 본인의 실력이 올라갈 수 있는 환경입니다.

Q 가장 기억에 남는 일이 있다면?

A 일본에 와서 처음으로 들어간 현장에서의 프로젝트가 끝났을 때가 가장 기억에 남습니다.

처음이기에 많은 실수와 부족한 실력이었지만 점점 자신의 입지가 커져가고 프로젝트의 한 부분을 담당하고 있었기에 책임감과 뿌듯함이 있었습니다. 프로젝트의 끝이 난 시점에 현장에 있던 전체 멤버가 회식을 하며 독려와 칭찬을 받는 것에 개인적으로 큰 행복으로 느꼈습니다.

Q 앞으로의 계획은?

A 가까운 미래에는 IT 개발자로서 많은 기술을 습득하고 능숙하게 어느 개발 현장에 투입되더라도 기술적으로, 인간적으

로 인정받는 개발자가 되고 싶습니다. 현재 생각하고 있는 단기적 목표는 빠른 시일 내로 IT 개발부의 책임자가 되는 것을 목표로 하고 있고 개인적으로 리더쉽과 인사관리에도 공부를 이어가고 있습니다. 한 부서의 책임자로서 좋은 성과를 낼 수 있게 된다면 그 이후엔 회사 전반적으로 영향력을 가지고 회사 운영에 대한 것을 목표로 하고 있습니다.

일본에서의 삶에 대해서는 현재는 전반적으로 만족하고 있는 상황이기에 앞으로도 일본에서의 삶을 이어갈 예정입니다.

Q 미래 엔지니어들에게 어드바이스 한마디

A 일본에서 활동하게 될 엔지니어들이 가장 고민하게 될 부분 중 하나는 외국에서의 삶이 걱정될 것이라고 생각합니다. 하지만 일본은 한국과 가깝고 문화적으로 많은 부분이 비슷하기에 본인의 의지만 있다면 충분히 적응할 수 있다고 생각합니다.

또한 본인이 하고 싶은 일을 일본에서 할 수 있는지에 대한 답은 입사 후 당장은 못하게 될 확률이 높다고 생각합니다. 하지만 일본의 특성상 맡은 일에 대해 책임감을 기지고 본인의 능력을 보여준다면 그에 맞는 보상과 개인의 희망 사항에도 귀를 기울여주는 문화가 있다고 보기에 계획을 기지고 서두르지 않는다면 일본에서의 IT 개발자의 삶은 만족할 수 있을 것 입니다.

장한솔 (아시아정보시스템즈 ICT 본부 재직 중, 일본에서 거주 2년째)

Q 일본에는 어떤 계기로 오게 되었나요

A 대학에서 일어일문학을 전공하던 시절에 막연하게 일본에서 일하고 싶다는 생각을 했었는데 그 생각을 구체화하여 오게 되었습니다. 꼭 국내 취업을 고집하지 않았기 때문이기도 합니다. 이전에 일본에서 살아본 적은 없지만 새로운 나라, 새로운 환경에서 직접 부딪쳐가면서 삶을 경험해보고 싶었습니다. 외국에서 외국어로 외국 사람들과 사무실 안에서 대화하면서 멋지게 일하고 있는 저의 모습을 로망으로 가슴에 품으며 일본으로 오게 되었습니다. 물론 예상하지 못했던 어려움들도 있었지만, 외국 여행을 왔다는 느낌도 가끔 들고, 주말이나 휴일에는 시간을 내어 일본 국내 여러 곳곳을 손쉽게 돌아다닐 수 있어서 좋습니다.

Q 일본에서 직장인으로서의 삶은 어떤지?

A 현재 근무하는 환경이 한국인 반, 일본인 반 정도의 구성원으로 되어 있어서 한국어로 의사소통을 하는 경우도 가끔 있지만, 사내 규칙상 기본 일본어로 대화해야 하기 때문에 입

사 초반에는 다소 어려움이 있었습니다. 고객사는 거의 100% 일본인인 경우가 많아서 초반에는 업무상 일본어로 전화나 메일 대응을 할 때 실수한 적도 많았습니다. 하지만 실수를 거울로 내가 일본어적인 부분에서 무엇이 부족한지 알 수 있기 때문에 배우면서 고쳐 나갈 수 있었습니다. 실제로 일본어를 직접 듣고 말하고 쓸 수밖에 없는 상황에 놓여져 있기 때문에 일본어는 직장 생활이 길어질수록 늘었다는 장점이 있습니다.

Q 가장 기억에 남는 일이 있다면?

A 한 번은 미팅이 있어서 신주쿠역 근처 고객사 사무실에 갈 일이 있었습니다. 미팅이 오전 9시 30분부터 시작이었는데 저 스스로는 집에서 집 근처 역까지 가는 시간, 집 근처 역에서 신주쿠역까지 가는 시간을 충분히 고려했다고 생각하면서 집을 나섰습니다. 문제는 신주쿠역에 내려서 고객사 사무실까지 찾아갈 때였습니다. 신주쿠역은 여러 호선의 환승지로서 지하철 역사에서 밖으로 나가는 출구만 해도 종류가 100여 개가 넘습니다. 인터넷에서 사전 조사는 했지만 나가야 하는 출구가 실제 어디에 있는지 몰라 당황하여 한참을 헤맸고, 겨우 찾아 나간 출구에서 고객사 사무실까지 가는

과정에서도 시간이 걸려 결국 1시간을 지각하고 말았습니다. 제가 도착했을 땐 이미 미팅이 끝나 있었고, 당시 미팅이 저희가 고객사에게 사과를 하는 자리였기 때문에 직장 상사에게 많이 혼났던 기억이 납니다. 앞으로 여러분들께서도 만약 신주쿠역 주변처럼 복잡한 곳을 가실 때, 당일 헤맬 가능성을 염두 해서 사전에 미리 현장에 직접 가보시는 예행연습을 하시거나, 9시까지 출근이라면 무조건 새벽 6시에 집에서 출발하시는 것을 추천 드립니다.

Q 앞으로의 계획은?

A 일본에 와서 일한 지 1년 반 정도 지났는데 앞으로 1년 반 정도 더 있을 예정입니다. 하지만 현재 지금 일본 생활에 만족하고 있기 때문에 그 이후에도 계속 일본에서 경력을 쌓고 싶은 마음이 큽니다. 그 후 시점에서 앞으로 어떤 방향으로 살아가야 할지에 대해 거듭 고민해봐야 할 것 같습니다.

Q 미래의 일본 취업 희망자들에게 어드바이스 한마디

A 아무리 뛰어난 IT 기술을 가지고 있더라도 실제 일하는 곳이 일본이고 일본인들과 함께 어울려 생활해야 하는 환경이 많기 때문에 기본적으로 일본어를 많이 공부하고 오셨으면 좋

겠습니다. 일븐으로 취업을 했지만 일돈어가 안 돼서 다시 한국으로 돌아가는 경우를 꽤 봤기 때문입니다. 특히 일본에 오시면 일본 희사에서뿐만 아니라 일상생활, 관공서나 은행 등의 업무를 브실 때에도 무조건 일본어로 회화를 해야 하기 때문에 꼭 필요하다고 생각합니다. 본인에게 맞는 공부 방법을 찾으셔서 구준히 어학 실력을 늘리시면 더욱 자신감 있는 일본 생활을 누리실 수 있을 것이라 생각됩니다.

 **이동빈** (주식회사 cal 근무2년, 현재 일본 대학원 준비 중)

Q 일본에는 어떤 계기로 가게 되었나요

A 2015년쯤 대학생으로서 진로에 대한 고민을 하고 있었습니다. 당시 페이스북 같은 SNS을 통해 일본 취업에 대한 소식을 보고 있었습니다. 평소에 일본 문화에 관심이 많았기에 크게 흥미를 느끼고 있었습니다만, 중 고등 학교 때 제 2 외국어로 히라가나 정도 겨우 읽고 쓸 수 있는 수준이었던 저는 이제 와서 준비하기에는 너무 늦었다고 생각하여 포기하고 있었습니다. 2016년 대학 졸업 이후에도 진로를 결정하지 못하여, 많은 경험을 쌓으며 영어 공부도 겸사겸사 할 수 있는 호주로 워킹홀리데이를 떠났습니다. 호주에서는 많은 나라의 사람들을 만날 수 있었습니다. 그중에서도 일본인 친구들과 특히 더 친하게 지냈습니다. 지금 생각해보면 한국과 일본의 개그 코드가 잘 맞아서 쉽게 친해지지 않았나 생각이 듭니다. 그렇게 일본인 친구들과 1년 가량을 어울려 다니면서, 하려던 영어 공부 대신에 일본어를 더 많이 배우게 되었습니다. 그리하여 비자가 끝날 때쯤, 다시금 일본 취업에 대한 소식을 듣게 되었고, 더 이상 시간을 지체할 수 없다는

생각에 서둘러 한국으로 돌아와 일본 IT 연수 과정에 등록하여 일본 취업에 성공하게 되었습니다.

Q 일본에서 IT 개발자로서의 삶은 어떤지
A 일본에 IT 개발자로서 취업을 하게 되면서 일본 기업에 바라던 점 한 가지와, 걱정되던 점 한 가지가 있었습니다.
제가 취업 이전에 일본 기업에 대한 장점으로 많이 듣던 얘기는, 사원의 성장을 우선시하여 여러 가지 경험을 시켜준다는 것이었습니다. 하지만 그러한 소문이 있으나 실상은 어떨지에 대한 걱정도 있었습니다. 이에 대해서 제 자신과 같은 회사 한국인 IT 개발자들을 보면서 제가 내린 결론은, 일본 기업에서는 충분히 이 부분에 대해서 지원해 줄 수 있다는 것이었습니다. 특히나 제가 다닌 회사는 파견회사였기 때문에 어떤 파견처로 갈 것인지에 대해 영업사원과 어느 정도 상담을 통해 조절이 가능했습니다. 제 파견처가 아직 정해지지 않아 본사에서 지내던 무렵, 영업사원이 제게 선호하는 개발 언어나 근무 환경에 대한 내용을 물어봤고, 여러 가지 경험을 골고루 할 수 있었으면 좋겠다는 희망을 강하게 어필했습니다. 그 결과 제 바람대로 여러 백엔드 개발 언어와 프레임워크, 여러 프론트엔드 개발 언어, 라이브러리와 템플

릿을 사용해볼 수 있었고, 서버 구축, 상세설계, DB설계, 보안설계 등 개발자로서 할 수 있는 수많은 것들을 경험해볼 수 있었습니다. 하지만, 이는 운이 좋았던 케이스로, 자신의 스타일과 맞지 않는 파견처로 가게 되는 경우도 종종 있습니다. 회사 후배가 그런 상황에 놓여, 담당 영업 사원과의 상담을 통해 파견처를 옮긴 경우도 있었습니다.

일본 취업 전에 가장 걱정하던 것은 일본의 개발 스타일이 어떨지에 대한 부분이었습니다. 일본 하면 생각나는 이미지는 장인 정신을 가지고 꼼꼼하다 못해 완벽함을 추구하는 모습이 떠올라, 조금은 덤벙거리기도 하는 제 스타일 때문에 이런 저런 소리를 듣지 않을까 하는 걱정이 있었습니다. 하지만 일본 기업에서 일을 하다 보면 여기도 마찬가지로 많은 사람들이 크고 작은 실수를 하는 것이 비일비재한 곳이었습니다. 그런 와중에 제가 근무하던 곳에서는 실수에 대해 조속히 보고하고 대처하되, 실수한 사람을 크게 탓하지 않는 분위기가 있어, 굉장히 인상적이었습니다. 간혹 실수할 때마다 크게 개의치 않고 해결에 도움을 주던 모습에 고마움을 느꼈고, 일이 익숙해지면서 실수도 점차 줄어들었습니다.

일본에서 IT 개발자로서 일하기 전에는 어떤 곳일지 기대감도 많았고 걱정도 많았지만, 실제로 일을 해보고 나서, 좋았던 점이나 별로 좋지 않았던 점을 되돌아보며, 남들이 쉽게 할 수 없는 다양한 경험을 해왔다는 것에 큰 만족감을 느낍니다.

Q 가장 기억에 남는 일이 있다면?

A 첫 파견처 사월과 티격태격하며 개발했던 것이 가장 기억에 남습니다. 처음 갔던 파견처는 작은 사무실로 사장님을 포함하여 열에서 열다섯 명 남짓한 사원들이 일하는 곳이었습니다. 다들 조용조용하고 착하고 좋은 사람들이었습니다만, 단 한 명이 실력은 굉장히 뛰어나지만, 성격이 까탈스러워서 공동 프로젝트를 진행할 때는 팀원들에게 자주 화를 내거나 혼내곤 했습니다. 한 번은 제가 그 팀에 참가하여 프로젝트를 진행하게 되었는데, 처음엔 굉장히 친절했지만 금방 다른 팀원들에게 하듯이 제게도 화를 내기 시작했습니다. 저도 제 실력에 꽤나 자부심이 있었기에 제 의견을 강하게 피력했고, 불합리한 것은 못 버티는 성격이라 함께 화를 맞받아치며 며칠을 계속 티격태격하며 프로젝트를 진행했습니다. 조용했던 사무실은 거의 두 사람의 신경질적인 목소리만 오고 갔습니다. 그런데 어찌된 일인지 그 프로젝트는 잔업 한번 없이 예상보다 2주 일찍 끝낼 수 있었습니다. 얼마 지나지 않아

망년회에서 같이 프로젝트를 진행했던 팀원들끼리 테이블에 앉게 되었고, 다른 팀원의 얘기로 그제서야 그 당시 사무실 분위기가 꽤나 긴장되어 있었다는 것을 알게 되었습니다. 마무리로 다 같이 즐겁게 마시고 나서 털어냈던 기억이 있습니다. 지금 생각해보면 그때 했던 것들이 제 실력 향상에 가장 크게 도움이 되지 않았나 싶습니다.

Q 앞으로의 계획은?

A 지금은 2년간 다녔던 회사를 그만두고 잠시 공부를 위해 한국에 돌아와 있습니다. 일본에서 일했던 IT 경험, 2년 동안 매일같이 갈고 닦은 일본어 실력을 바탕으로 일본에 있는 대학원에 진학해보려 준비 중입니다. 사실 대학 졸업 후, 지금보다 전문성을 갖추기 위해서 대학원에 가야 한다고 생각했지만, 아직은 내가 무엇을 공부하고 싶은지 찾지 못하였기 때문에 그것을 찾기 위해서는 다양한 경험을 쌓는 것이 좋을 것이라 판단하여 취업을 결정한 것이었습니다. 실제로 일을 하던 중에 인공지능 분야에 대한 아주 사소한 맛보기를 할 수 있었고, 지금까지의 저의 실력과 적응 능력을 되돌아보고 "해볼 만하다, 해보고 싶다."라는 생각에 새로운 도전을 하게 되었습니다. 이후엔 실제로 공부를 해보고 나서 학문에

뜻이 생기면 탁사 과정에 지원할 것이고 다시 경험에 대한 열망이 커지면 취업에 뛰어들게 될 것 같습니다.

Q 미래 엔지니어들에게 어드바이스 한마디
A IT 업계는 굉장히 빠르게 많은 기술들을 거쳐서 지금에 이르렀고 앞으로도 끊임없이 변화할 것입니다. 과거의 기술도 좋고 이제 막 떠오르는 기술도 좋으니, 최대한 적극적으로 많은 경험을 해보시길 바랍니다. 그 와중에는 지루하고 자신과 잘 맞지 않는 것도 있고, 자신과 잘 맞는 것도 있을 것입니다. 그 모든 것들이 튼튼한 경험이 되어 앞으로 자신의 진로 선택에 기준을 잡는 것에 힘이 되어 줄 것입니다.

바쁜 와중에도 인터뷰 원고를 보내 준 재봉아, 혁순아, 창환아, 혁재야, 찬제야, 한솔아, 동빈아 너무 고맙다.